生徒が輝く！

通知表の書き方&所見文例集

中学校1年

玉置 崇【編著】

明治図書

JN043599

はじめに

　2021年４月、中学校で新しい学習指導要領が全面実施されました。学習指導要領の中で、生徒に育成すべき資質・能力が明確にされ、それに呼応する形で「3観点の学習評価」が示されました。

　生徒や保護者が学習評価を一番意識するのは、なんといっても通知表です。保護者は、通知表から自分の子どもが学校でどのような状況なのかを捉えます。時には学級担任や教科担任に質問や相談をすることもあるでしょう。このように、説明責任を強く求められる時代ですから、これまで以上に望ましい学習評価、通知表所見の在り方を追究する必要があります。

　本書は、そのために最適な書籍です。第１部では、新しい学習評価と通知表の作成のポイントをまとめました。第２部では、「生活」「学習」「特別活動」「特別なニーズがある生徒」の４章構成で、下記のような意図をもって文例を集めました。

- ●生徒の努力や長所を認める文例だけでなく、欠点や短所を踏まえつつ、前向きに表現した「生徒を励ます文例」も示す（生活）
- ●観点別学習状況評価との齟齬が生じないように、新しい3つの観点別に◎／○／△の3段階で文例を示す（学習）
- ●保護者に生徒の活躍ぶりがより明確に伝わるように、具体的な場面や描写を工夫した文例を示す（特別活動）
- ●生徒の特性や苦手さに配慮し、保護者に指導の様子なども伝わるように工夫した文例を示す（特別なニーズがある生徒）

　なお、巻末付録として、日常の言葉がけにも活用できる「ネガポジ言い換え一覧」を掲載しました。

　本書は、まさに学校現場の現実を踏まえた「通知表作成のためのバイブル」と言ってもよい書籍です。

　2021年５月

玉置　崇

もくじ
CONTENTS

はじめに

第1部
新しい学習評価と
通知表作成のポイント

第2部
通知表の所見文例

第1章
ネガ→ポジ変換つき
生活にかかわる所見文例

第2章
観点・段階別
学習にかかわる所見文例

第3章
生徒の活躍がよく伝わる
特別活動にかかわる所見文例

第4章
特別なニーズがある生徒のための所見文例

付録
ネガポジ言い換え一覧

第1部
新しい学習評価と
通知表作成のポイント

1　3観点の 新しい学習評価

1　新しい学習指導要領と3つの観点

　平成29年（2017年）3月に改訂された中学校学習指導要領は、令和3年（2021年）4月より全面実施となりました。学習指導要領の改訂に伴い、学習評価の在り方も変更されました。ここでは、最初に文部科学省から出された「児童生徒の学習評価の在り方について（報告）の概要」（以下「概要」）から、注目しておくべき事柄をまとめておきます。

　観点別学習状況評価（以下「観点別評価」）の改善について

　　今回の学習指導要領改訂では各教科等の目標や内容を「知識及び技能」、「思考力、判断力、表現力等」、「学びに向かう力・人間性等」の資質・能力の三つの柱で再整理したことを踏まえ、観点別評価についても、これらの資質・能力に関わる「知識・技能」、「思考・判断・表現」、「主体的に学習に取り組む態度」の三観点について、学習指導要領に示す目標に準拠した評価として三段階（ＡＢＣ）により実施する。

　資質・能力が3つの柱で整理されたことから、観点別評価を変更することと示されています。新学習指導要領が周知される際によく登場した次ページの図（文部科学省）に示されていた資質・能力という文言を思い出す方は多いでしょう。図の上部に記された「新しい時代に必要となる資質・能力の育成と、学習評価の充実」にも注目してください。資質・能力の育成は、学習評価の充実によって成り立つものであると読み取れます。

学習指導要領改訂の考え方

新しい時代に必要となる資質・能力の育成と、学習評価の充実

学びを人生や社会に生かそうとする
学びに向かう力・人間性等の涵養

生きて働く**知識・技能**の習得

未知の状況にも対応できる
思考力・判断力・表現力等の育成

何ができるようになるか

よりよい学校教育を通じてよりよい社会を創るという目標を共有し、
社会と連携・協働しながら、未来の創り手となるために必要な資質・能力を育む
「社会に開かれた教育課程」の実現
各学校における**「カリキュラム・マネジメント」**の実現

何を学ぶか

**新しい時代に必要となる資質・能力を踏まえた
教科・科目等の新設や目標・内容の見直し**

小学校の外国語教育の教科化、高校の新科目「公共」の新設など

各教科等で育む資質・能力を明確化し、目標や内容を構造的に示す

学習内容の削減は行わない※

※高校教育については、従来は事実的知識の暗記が大学入学者選抜で問われることが課題になっており、そうした点を克服するため、重要用語の整理等を含めた高大接続改革等を進める。

どのように学ぶか

主体的・対話的で深い学び（「アクティブ・ラーニング」）の視点からの学習過程の改善

生きて働く知識・技能の習得など、新しい時代に求められる資質・能力を育成

知識の量を削減せず、質の高い理解を図るための学習過程の質的改善

主体的な学び
対話的な学び
深い学び

　この図でも示されているように、「生きて働く**知識・技能**の習得」「未知の状況にも対応できる**思考力・判断力・表現力**等の育成」「学びを人生や社会に生かそうとする**学びに向かう力・人間性等**の涵養」の三本柱があり、それが学習評価の３観点と連動しているのです。

　注意深い方は、「人間性」も３観点に入るのかと疑問に思うことでしょう。このことについて、平成28年の中教審答申には次のように書かれています。

　「学びに向かう力・人間性」には①「主体的に学習に取り組む態度」として観点別評価（学習状況を分析的に捉える）を通じて見取ることができる部分と、②観点別評価や評定にはなじまず、こうした評価では示しきれないことから個人内評価（個人のよい点や可能性、進歩の状況について評価する）を通じて見取る部分があることに留意する必要がある。

　つまり、感性、思いやりなどの人間性は、個人内評価として見取ることとし、３観点の中には入っていないのです。

2 「知識・技能」の評価

　これまでは「知識・理解」「技能」としていた観点が、「知識・技能」となりました。重視すべき事柄は同様で、これまでと大きく異なることはありません。前掲の「概要」には、次のように示されています。

　「知識・技能」の評価は、各教科等における学習の過程を通した個別の知識及び技能の習得状況について評価を行うとともに、それらを既有の知識及び技能と関連付けたり活用したりする中で、概念等として理解したり、技能を習得したりしているかについて評価する。このような考え方は、現行の「知識・理解」、「技能」の観点別評価においても重視してきたところ。

　これを受けて「知識・技能」の評価方法を考えると、単元テストや定期テストなどのペーパーテストの工夫が重要になります。個々の知識や技能がどれほど身についているかを把握できるテストかどうか、検討することです。

　例えば、知識を問うとしても、同様のことばかりを確認する問題になっていないでしょうか。数学で例を示すと、文字式の計算において、適切に（　）を外して式を整理させる問題ばかり出題するといったことです。これは、この問題を通してどういう知識の定着を確かめるのかを明確にせずにテストを作成した例です。

　「知識・技能」を問うペーパーテストにおいても、知識や技能を用いて説明しなくてはならない場面を設けることも大切です。逆に、このようなことをペーパーテストで問うとすれば、どのような授業をしなければならないかを考えることにもなります。これが、いわゆる「指導と評価の一体化」と言われることです。

3 「思考・判断・表現」の評価

　各教科等の知識及び技能を活用して課題を解決する等のために必要な思考

力、判断力、表現力を身につけているかどうかを評価します。なお、「知識及び技能を活用して課題を解決する」という過程について、前出の中教審答申では、次の3つの過程があると示しています。

・物事の中から問題を見いだし、その問題を定義し解決の方向性を決定し、解決方法を探して計画を立て、結果を予測しながら実行し、振り返って次の問題発見・解決につなげていく過程
・精査した情報を基に自分の考えを形成し、文章や発話によって表現したり、目的や場面、状況等に応じて互いの考えを適切に伝え合い、多様な考えを理解したり、集団としての考えを形成したりしていく過程
・思いや考えを基に構想し、意味や価値を創造していく過程

これを読むと、授業において意識して評価することの重要性を感じられるのではないでしょうか。

例えば、「物事の中から問題を見いだす」ことができているかどうかをペーパーテストで評価することはなかなかできません。したがって、授業で「これらの事実からどのようなことを考えていくとよいと思いますか?」といった発問をして、その反応を見るなど、「思考・判断・表現」を意図的に捉えることが必要です。

文部科学省の報告書では、論述やレポート、発表、グループでの話し合い、作品の制作や表現等の多様な活動を取り入れたり、それらを集めたポートフォリオを活用したりするなど、各教科等の特質に応じて評価方法を工夫することが示されています。

4 「主体的に学習に取り組む態度」の評価

「主体的に学習に取り組む態度」の評価について、「児童生徒の学習評価の在り方について（報告）」では、かなりの紙幅を割いて説明しています。

次はその一部です。

「主体的に学習に取り組む態度」の評価に際しては、単に継続的な行動

や積極的な発言等を行うなど、性格や行動面の傾向を評価するということではなく、知識及び技能を獲得したり、思考力、判断力、表現力等を身に付けたりするために、自らの学習状況を把握し、学習の進め方について試行錯誤するなど自らの学習を調整しながら、学ぼうとしているかどうかという意思的な側面を評価することが重要である。現行の「関心・意欲・態度」の評価も、各教科等の学習内容に関心をもつことのみならず、よりよく学ぼうとする意欲をもって学習に取り組む態度を評価することを本来の趣旨としており、この点を改めて強調するものである。

これまでの「関心・意欲・態度」と本来の趣旨は同様であると明記されていることに注目しましょう。そのうえで、「関心・意欲・態度」の評価方法の課題を踏まえて、次のように示されています。

「主体的に学習に取り組む態度」については、挙手の回数やノートの取り方などの形式的な活動ではなく、児童生徒が「子供たちが自ら学習の目標を持ち、進め方を見直しながら学習を進め、その過程を評価して新たな学習につなげるといった、学習に関する自己調整を行いながら、粘り強く知識・技能を獲得したり思考・判断・表現しようとしたりしているかどうかという、意思的な側面を捉えて評価することが求められる」とされている。

また、答申において、「このことは現行の『関心・意欲・態度』の観点についても同じ趣旨であるが」、上述のような「誤解が払拭しきれていないのではないか、という問題点が長年指摘され現在に至ることから、『関心・意欲・態度』を改め『主体的に学習に取り組む態度』としたものである」と指摘されている。

挙手の回数やノートの取り方などの形式的な活動で評価するのではなく、学習に関する自己調整を行い、粘り強く学習に取り組む意思的な側面を捉えることが、主体的に学習に取り組む態度の評価として重要であると述べられています。

では、学習に関する自己調整をしているかどうかは、どのように捉えれば

よいのでしょうか。

　簡単に言えば、生徒に授業の「振り返り」をさせることを習慣化することが方法の１つです。「生徒による自己評価」という文言がありますが、授業のたびに、自身の今日の学びを振り返ることで自己調整能力は高まります。

　例えば、「〇〇さんの意見でわからなかったことがはっきりわかってよかった。いつも思うけど、友だちの意見は大切です」といった記述があれば、級友から学ぶことの大切さを感じているわけで、これからも進んで友だちの考えに耳を傾けようという意識があると読み取ることができます。

　「なぜ、そんなことが起こったのか、考えれば考えるほどわからなくなってきた。次の授業でも考えたい」と書いた生徒がいれば、まさに次の授業のねらいが生徒から出されたわけで、大いに評価すべきです。

　このようなことから、「主体的に学習に取り組む態度」の評価は、生徒自らの振り返りを基に評価することが日常的にできる方法だと言えます。

5　「記録」としての評価の留意点

　ここまで示した３観点の評価方法を読んで、多忙な業務の中ではとても継続できないという印象をもたれた方もいることでしょう。このことについては、「概要」で、日々の授業での評価を積み上げるのではなく、長期的な視点をもつことが示されているので付記します。

　　毎回の授業で全ての観点を評価するのではなく、原則として単元や題材等のまとまりごとに、それぞれの実現状況が把握できる段階で評価を行うこととするが、学習指導要領に定められた各教科等の目標や内容の特質に照らしては、複数の単元や題材にわたって長期的な視点で評価することを可能とすることも考えられる。

2 通知表作成の
ポイント

1 学習の記録の評価のポイント

　学習の記録の評価は、「1　3観点の新しい学習評価」で述べてきたように、3つの観点の主旨を十分に踏まえて行います。

　とりわけ中学校においては、同教科教員の話し合いが重要です。学校によっては、新任やはじめて中学校勤務となった教員がいることが考えられます。こうした教員は、中学校における評価について大きな不安を抱えています。

　したがって、「評価のものさしを教科間でそろえる」ことが大切です。例えば、定期テストや単元テストの内容検討の際に、「『知識・技能』を評価する問題群として適切かどうか」「この問題群であれば、どれほどの点数でどのような評価とするか（例えば、40点満点中30点でAとする、など）」といったことを事前に協議しておくことが大切です。実はこうした話し合いこそ、適切な評価観をもつことに役立ちます。なお、音楽科や美術科などでは、その学校に同教科の教員がいない場合があります。そのときも、だれかに「このような評価の仕方をします」と説明を聞いてもらい、保護者の視点も踏まえて助言を受けるとよいでしょう。

　また、あまりにも形式的に評価方法を決めないことも重要です。定期テストで90点以上の点数を取った生徒の「知識・理解」の観点評価を「B」とした若い教員がいました。その理由を尋ねたところ、学習当初の小テストの点数が低く、それが影響したとのことでした。点数を累積して評価したわけで

すが、最終テストの「知識・理解」は満点なのですから、「Ａ」評価にするべきです。これは累積型評価のマイナス面が垣間見えるケースです。

2　行動の記録の評価のポイント

　行動の記録の評価は、「生徒の行動の様子について、長所を中心に分析的かつ総合的に捉え、これからの指導に生かし、生徒自らがよさや可能性に気づき積極的に伸ばしていくようにするためのものである」という主旨に鑑みて、多様な場面から生徒のよさを発見しようとする姿勢が必要です。

　評価は事実を基に行います。保護者から「我が子の『責任感』を『十分満足できる』と評価していただきありがとうございます。先生はどのようなことでそのように評価してくださったのでしょうか？」といった質問があっても不思議ではありません。その際に、「こうした事実がありましたので…」と伝えられなくてはいけません。

　そのためには、一人ひとりについてメモしておくことが大切です。私はノートを活用してきました。ノートの見開きの左上隅に生徒名を書きます。あとは気づいたときに簡単なメモ（期日、事実）をしておくだけです。ポイントは、生徒ごとに見開き２ページを厳守することです。すると、１か月経っても何もメモがない生徒がわかり、その生徒を意識して見ることができるようになります。

3 記述による評価のポイント

　記述による評価の１つとして、「特別の教科　道徳」があります。

　学習活動における生徒の学習状況や道徳性に係る成長の様子を個人内評価として文章で端的に記述することになっています。

　評価のポイントとして、次の２点があります。

・個々の内容項目ごとではなく、年間や学期にわたって生徒がどれだけ成長したかという、大くくりなまとまりを踏まえた評価を行う。

・他者との比較ではなく、生徒一人ひとりがいかに成長したかを認めて励ます、個人内評価を行う。

　例えば、次のような記述が望ましいと言えます。

○自分の立場と相手の立場を比べるなど、様々な角度からものごとを捉えて考えようとしていました。

　→一面的な見方から多面的・多角的な見方へと発展させたことを評価しています。

○読み物教材の登場人物を自分に置き換えて考え、現在の自分自身を振り返り、自らの行動や考えを見直していました。

　→自分自身との関わりの中で、道徳的価値の理解を深めていることを評価しています。

　次に「総合的な学習の時間」があります。

　実施した学習活動及び各学校が自ら定めた評価の観点を記入し、それらの観点のうち、生徒の学習状況に顕著な事項がある場合などにその特徴を記述します。つまり、生徒にどのような力が身についたのかを、文章で端的に記述するのです。

　「総合的な学習の時間」の記録の欄は、次のように記述することが望ましいとされています。

○学習活動

　実施した学習活動のうち、生徒の学習や成長に影響を与えたと思われる活動を取り上げ、簡潔に記述する。

○観点

　各学校が定めた観点を記述する。

○評価

　観点のうち、生徒の学習状況に顕著な事項がある場合などにその特徴を記述する等、生徒にどのような力が身についたかを文章で端的に記述する。

　なお、「総合的な学習の時間」の評価の観点については、国立教育政策研究所の『「指導と評価の一体化」のための学習評価に関する参考資料』（中学校、総合的な学習の時間）において、次のように述べられています。

　　各学校において定める内容について、今回の改訂では新たに、「目標を実現するにふさわしい探究課題」、「探究課題の解決を通して育成を目指す具体的な資質・能力」の二つを定めることが示された。

　　（中略）このように、各学校において定める目標と内容には、三つの柱に沿った資質・能力が明示されることになる。

　　したがって、資質・能力の三つの柱で再整理した新学習指導要領の下での指導と評価の一体化を推進するためにも、評価の観点についてこれらの資質・能力に関わる「知識・技能」、「思考・判断・表現」、「主体的に学習に取り組む態度」の３観点に整理し示したところである。

　以上のことから、例えば「コンビニでの調査結果のまとめ方が秀逸だった」（知識・技能）、「探究活動を通して課題をより世の中の状況を踏まえたものに変化させた」（思考・判断・表現）といった、生徒の資質・能力の高まりをわかりやすく記述するとよいでしょう。

4　総合所見作成のポイント

　総合所見で一番配慮すべきことは、所見を読んだ保護者や生徒が「がんば

ろう」という気持ちをもてるようにすることです。

　その生徒の今後の課題も提示したいところですが、文字数が限られているので、多くを伝えることは難しいでしょう。所見を読み直し、課題だけが書かれた所見になっていないかを点検する必要があります。課題については、懇談会の折などに口頭で丁寧に伝えた方が、真意が伝わります。

　所見を基に保護者が生徒とやりとりをすることを想像して書きましょう。

　例えば、「ここに書いてある『責任感をいつも発揮している』って、先生はどんな場面のことを言っているの？」と保護者が生徒に聞いたとします。それに対して、生徒が「先生がどこを見てそう言っているのか、私もよくわからない…」と返答するようであれば、せっかくの所見が無意味なものになってしまいます。

　このようなことが生じる要因としては、所見を書く時期になってからはじめてその生徒を意識して書いたことが考えられます。教師から「あなたは責任感があっていいね」などと声をかけられていないと、生徒は「所見に記されているのはあのときのことだ」とは想起できないものです。

　中学校では、各教科の担当教師から生徒の状況について聞いておくと、所見に記述できることがあります。とはいえ、教科担当に負担をかけてはいけません。生徒名簿を渡して、「授業で先生が気づいた生徒のよいところを単語でよいので書いていただけませんか。もちろんすべての生徒について書いていただく必要はありません。後で具体的にお聞きすることがあるかもしれません。どうぞよろしくお願いいたします」といった程度の依頼をして情報を集めておくとよいでしょう。懇談会での話題にもできます。

第2部
通知表の所見文例

第1章
ネガ→ポジ変換つき
生活にかかわる所見文例

　本章では、生徒の学校生活全般にかかわる所見文例を紹介します。

　文例は、指導要録の「行動の記録」で示されている10項目に分類してあり、さらに、それぞれ「○努力や長所を認める文例」と「△生徒を励ます文例」の2タイプに分かれています。「生徒を励ます文例」は、欠点や短所を指摘するだけの所見にならないようにするために、ネガティブ表現をポジティブ表現に変換する形で示してあります。

基本的な生活習慣

○あいさつが自分から進んでできる生徒

　朝の教室では、一番大きな声であいさつをすることができます。学校生活にも慣れ、いきいきと過ごしている証拠です。学級の仲間からも“学級のみんなが元気になるあいさつ”と評価されています。自分らしさの発揮と考え、ぜひ継続してください。

○目標をもって生活できている生徒

　朝の会や帰りの会では、学級の課題や解決方法について進んで発言するなど、一日一日の生活の目標を意識して過ごしていることがよくわかります。単に問題点を指摘するだけでなく、解決のための具体策を提案できることがすばらしいです。

○生活記録ノートがきちんと書けている生徒

　生活記録ノートが毎日の生活の足跡となるように、1日の振り返りがきちんと書かれていて、読みごたえがあります。できたこと、できなかったこと、明日の課題など自らの生活を自ら高めていこうとする姿勢がうかがわれて、うれしく思います。

○日々のくらしをきちんと見つめている生徒

　生活記録ノートを見ていると、自分のことはもとより、学級の仲間に関する記述も多く、仲間とともに高め合おうとする意識が強いことがよくわかります。小さな出来事を見過ごさないことで、人は大きく成長します。これからも期待しています。

○掃除に一生懸命取り組んでいる生徒

　掃除の時間には、教室の隅々まで気を配り、額に汗しながら黙々と窓を磨き上げている姿が印象的でした。学校が美しくなっていくことの心地よさを知っているからですね。グループのメンバーも、○○さんの汗する姿には一目置いています。

○振り返りに真剣に取り組んでいる生徒

　授業の振り返りや帰りの会では、クラスの仲間のがんばっている点やよさを積極的に語ることができました。しかも、観念的な評価ではなく、事実をきちんと添えてその価値を語れる姿に感心します。仲間のがんばりをよく見ています。

○授業のあいさつがきちんとできている生徒

　授業ではだれよりも大きな声であいさつができます。形式的ではない、学ぶ意欲を感じます。授業への集中力もあるので、大切なことを聞き逃さないようメモしたり、質問したりする姿もぜひ継続してほしいと願っています。

○給食当番にきちんと取り組んでいる生徒

　給食当番では、マスクとエプロンをきちんと身につけ、丁寧におかずの盛りつけができます。また、後片づけも、配膳台の汚れの掃除まで率先して行うなど、労をいとわない姿に感心させられます。

○部活動に打ち込んでいる生徒

　部活動では、真っ先に体育館に向かい、用具の準備を率先して行い、スムーズに練習に入れるように働けます。先輩からもこの前向きな姿が認められ、練習試合に出ることが多くなりました。部活動を通して人間的にも大きく成長しています。

○健康な生活を進んでつくり出そうと努力する生徒

　感染症予防のためのマスク着用や手洗い・うがいに進んで取り組んでいます。また、自分だけでなく、仲間に「手の甲まできちんと洗おうぜ！」と呼びかけるなど、仲間とともに健康づくりに取り組もうとする姿勢はすばらしいものです。

○決まったことに率先して取り組む生徒

　学級の話し合い活動では、異なる意見のそれぞれのよさを認めながら、活動のねらいに照らして、みんなが納得する活動へと誘いました。また、決まったことには率先して取り組み、よりよい学級づくりにリーダーシップを発揮しています。

○教室のごみを進んで拾うことができる生徒

　落ちているごみを進んで拾ったり、机上の消しゴムかすを集めてゴミ箱まで運んだりするなど、意識の高さが光ります。日常から心地よい環境を意識しているのですね。このことが、生活態度の安定感にもつながっています。

○仲間のよさを受け止めることができる生徒

　対立する意見に対しても、無下に否定することなく、相手の言い分をまずじっくり聞き、認めるところは認めたうえで自分の意見をしっかりと言い切る姿に感心します。言いにくいこともしっかりと言うことで、仲間からも信頼されています。

○職員室でのあいさつがきちんとできる生徒

　職員室に集配物を届けに毎日来ましたが、元気のよいあいさつと、礼儀正しい応対が光りました。敬語の使い方も適切で、職員室の先生方にも、「○組の○○さんはさわやかだね」とほめられていました。

生活

学習

特別活動

特別なニーズ

△忘れ物が多くやる気が感じられない生徒

ネガティブ

　学習用具や提出物の忘れ物が多く、学校生活が充実しません。まずはきちんと翌日の予定を確認して、忘れ物をしないことが第一歩です。また、授業でも集中して聞かないと、大切なことを聞き逃してしまいます。

ポジティブ

　学習用具の忘れ物が多く、授業に集中できないことがありましたが、<u>翌日の予定を確実に書くことと、家でチェックの印をつけることで確実に減ってきています</u>。また、<u>授業への集中度も高くなってきました</u>。今後のさらなるがんばりに期待しています。

　忘れ物が多い生徒は、なかなかなくなりませんが、チェックしていないことと、意欲がわかないことの2つの要因が考えられます。そこで、減らす方法を示し、その努力を認める所見を書くことで、家庭でも気を配っていただくようにします。また、忘れ物が減っていることが、授業の集中につながっていることもきちんと書くことで、学校生活への意欲づけにもなります。

△相手を傷つける言動が多く、自分本位な生徒

ネガティブ

　相手の気持ちや立場を考えずに話してしまうために、相手に嫌な思いをさせたり、悲しませたりすることが少なくありません。自分本位な言動のままでは仲間がどんどん少なくなっていきます。自分の言動に気をつけて生活していきましょう。

ポジティブ

　物事に対する自分の<u>考えをしっかりもち、それを主張できるよさ</u>があります。ただ、<u>仲間もそれぞれの意見をもっています</u>。伝える力と同じくらい<u>受け止める力を身につけると</u>、〇〇さんのよさが一層輝きます。

　自己主張の強さは短所と受け止められがちですが、自分の考えをしっかりもっていることは長所であることをまず書きましょう。そのうえで、一人ひとりに大切な考えがあり、それを受け止め認め合うことでこそ、よりよい人間関係が構築できることに気づかせていくことも大切です。受け止めることで、自分のよさが一層輝くことを添えた所見にするとよいでしょう。

```
┌─────────────────────────────────┐
│ ○…努力や長所を認める文例        │
│ △…生徒を励ます文例             │
└─────────────────────────────────┘
```

生活

学習

特別活動

特別なニーズ

△時間が守れない生徒

ネガティブ

　朝の準備や次の授業の用意など、取り掛かりが遅く、時間通りに行動できないことが多いです。自分のペースで進めるのは大切ですが、時間は限られているので、なるべく早く準備や用意ができるよう、ご家庭でもご指導ください。

ポジティブ

　交友関係が広く、**いろいろな友だちと楽しく話すことができています**。そのため、準備や用意が遅れることがあったのですが、**だんだん時間を守ることができるようになってきました**。メリハリのある、よい習慣が身についてきています。

　時間が守れないのは、代わりに別の行動をしているからです。その多くは友だちとのおしゃべりや遊びではないでしょうか。時間を守れないのはよくないことですが、友だちと夢中で遊べるのはよいことです。この点を踏まえ、まずは後者について称賛し、前者も少しずつできるようになってきたことを伝えるようにすると無理がありません。

△行動の切り替えができない生徒

ネガティブ

　何か気になることがあると、それにばかり執着してしまい、行動の切り替えがなかなかできません。授業に参加できないことも多いので、学校でも引き続き指導をしていきたいと思います。

ポジティブ

　1つのことに集中して取り組むことができています。特に**毎日の朝学習に集中して取り組む姿勢は**、クラスのお手本になりました。ただ、集中するあまり行動の切り替えができないことがあるので、学校でも様子を見ていきたいと思います。

　こだわりの強い生徒の多くは行動の切り替えが苦手です。しかし、1つのことに集中して取り組むことが得意です。朝学習、読書など、その生徒が熱中して取り組む何かがあるはずです。その事実をまずは具体的に見取り、生徒のよさが伝わるように書くとよいでしょう。

健康・体力の向上

○早寝・早起きができる生徒

　生活ノートの記述から、早寝・早起きを心がけていることがよくわかります。朝早くから教室に○○さんの元気な声が響くのには、そんな秘密があるのですね。自分だけでなく朝の教室に活力を吹き込んでくれる姿をうれしく思っています。

○好き嫌いなく感謝して食べることができる生徒

　中学生になると好き嫌いをはっきり示す生徒もいるのですが、給食のメニューが栄養バランスを考えて調理されていることを踏まえ、好き嫌いなくいつもおいしそうに食べています。給食を「命の恵み」と考えられることもすばらしいことです。

○体調のすぐれない生徒に気配りができる生徒

　体調のすぐれない友だちにやさしく声をかけ、励ましたり、保健室まで一緒について行ったりするなど、気配りのある行動ができます。自分が病気をした苦しみと、健康であることの大切さがわかっているからですね。

○生活習慣の改善に努めている生徒

　多くの病気が生活習慣の乱れに起因することを知って、給食の好き嫌いや早寝・早起きなどへの姿勢が変わってきました。文科系の部活なので、休日にはランニングもしていると聞きました。自ら健康づくりに取り組んでいるのはすばらしいです。

○感染症予防に率先して取り組んでいる生徒

　感染症予防のため、手洗い・うがい・手指消毒などに、率先して取り組むことができています。また、自分だけでなく仲間に、「しっかり指の間まで洗って」などと呼びかける姿にも、その意識の高さを感じます。

○換気に気配りのできる生徒

　休み時間には、率先して窓を開け、教室の換気をすることができました。寒い日にも「健康のためだから、我慢我慢！」と明るく呼びかける姿に感心しました。さわやかな呼びかけは、皆を心地よくしてくれます。学級の大切な健康リーダーです。

○手洗いやうがいに率先して取り組んでいる生徒

　風邪予防のために、手洗いやうがいに率先して取り組むことができています。仲間に積極的に呼びかけられるのは、みんなが健康で過ごせるようにしたいという意識が高いことの証拠です。

○長期休業中に体力づくりに取り組んだ生徒

　長期休業中も早起きして１キロマラソンを継続するなど、自ら健康的な体づくりをしようという意識の高さを感じます。休日にもマラソンはまだ続けていると聞きました。健康な生活習慣を自らつくり出し、継続する力はすばらしいものです。

○心の健康の大切さを理解している生徒

　「ポジティブシンキング」という言葉を知ってから、問題が起きても「ドンマイドンマイ」と、くよくよしないで立ち直れるようになってきました。学校生活で笑顔が増え、仲間とかかわりながら充実した学校生活を送っています。

○保健の授業で学んだことを生活に生かしている生徒

　保健の授業で学んだよい生活習慣を、毎日の生活に進んで生かそうとする姿が見られます。特に、就寝時刻を早めたり、間食のとり方を改善したりしているようです。自分の健康の管理ができることは、必ず学習面でもプラスになります。

○気温に合わせた着こなしができる生徒

　気温に合わせて上着を脱ぎ着したり、重ね着の仕方を工夫したりするなど、健康を考え、コントロールする力があります。小さなことですが、この気づかいができることこそ健康な心をもっている証拠です。人生100年時代の第一歩です。

○ストレス解消の方法を工夫して生活している生徒

　「大声で歌を歌うと悩みが全部吹き飛びます」とストレス解消法をみんなに披露してくれました。常に前向きで、自分の心を健康にする力があると感じます。学校生活を笑顔で送ることができているのはそのためですね。

○教室の美化に気配りができる生徒

　落ちているごみを進んで拾ったり、掲示物のはがれを直したりするなど、教室の美しい環境づくりへの気配りができます。整った環境でこそ、落ち着いた学習ができることを知っているのですね。○○さんの心も美しく整っているのだと思います。

○友だちの健康を気にかけることができる生徒

　風邪気味の仲間がいて体育を見学しているとき、自分の上着を「寒いからかけて」と貸す姿が見られました。自分の健康だけでなく、仲間の健康にも気づかいができる優しさがあります。学級に広げたい、すばらしい姿です。

生活

学習

特別活動

特別なニーズ

△ネガティブ思考の生徒

ネガティブ

　小さな問題もくよくよといつまでも引きずってしまうことが多く、随分と苦しみました。もう少し楽観的な考えをもたないと、学校生活は楽しくなりません。ポジティブに考えることを心がけましょう。

ポジティブ

　悩みがあると<u>生活記録ノート</u>に素直に書いてくるようになりました。自分の悩みを**打ち明けることができること自体が、前向きであることの証拠**です。<u>先生は○○さんの応援団です。</u>遠慮せずに思いをぶつけてください。

　思春期に差しかかり、どの生徒も少なからず何らかの悩みを抱えています。そこで、悩みはだれにでもあることを前提として、その悩みをだれかに話せること自体に価値があることを示し、まずは本人を安心させることが大切です。解決の方法はいくつもありますが、まずは担任が第一の理解者であることをしっかりと伝えることが重要なポイントです。

△好き嫌いが多い生徒

ネガティブ

　給食では好き嫌いが多く、魚類や牛乳にはほとんど手をつけません。好き嫌いなく食べないと健康な体がつくれないので、我慢して食べることも大切です。また、まずいと声に出すことで、教室に嫌な空気が流れることにも気づいてほしいです。

ポジティブ

　給食が栄養のバランスを考えてつくられていることを知ってから、意識が変わってきました。**部活動で必要な持久力や瞬発力をつけるためなど、自分自身のことを考えて苦手なおかずにも箸をつけるようになってきたのはすばらしいこと**です。

　中学生になると、太ることを気にして偏食をしたり、給食を残したりする生徒が少なくありません。特に好き嫌いが多い生徒の場合、苦手なおかずにまったく手をつけないようなこともありますが、まずは健康な体づくりのためにバランスのとれた食事が大切であることをしっかり指導する必要があります。効果的な方法は、部活動など生徒が興味・関心をもちやすいこととリンクさせて指導することです。そして指導の効果が見られたら、前向きな取組の姿勢を評価するようにします。

△運動に消極的な生徒

ネガティブ

　走ったり、運動したりするなどの体力づくりに消極的で、すぐに疲れを訴えます。何事にも消極的なのは、基礎的な体力が不足しているからです。もっとがんばって健康づくりに取り組むことを心がけましょう。

ポジティブ

　大好きなバスケットボールの技術向上のためには基礎体力が必要であることを知り、苦手意識があったランニングにも積極的に取り組んでいます。**部活動の顧問の先生からも、練習に取り組む姿勢が変わってきたと聞きました。**これからも、小さな取組の積み重ねで大きな力をつけていってください。

　「健康な体をつくる」といった目的のためには運動に積極的になれない生徒が多いのですが、部活動など自分自身の関心が高い目的とリンクするとがんばることができる生徒が多いことも事実です。このように、生徒自身の関心と結びつけて改善を促し、「部活動の顧問の先生からも聞いた」といった方法で、継続的な取組を所見で評価すると効果的です。

△不注意によるけがが多い生徒

ネガティブ

　慌てて行動することが多く、打撲や擦過傷で保健室に何度も行きました。また、廊下で遊んだり、教室でふざけたりしていて友だちがけがをしてしまうこともありました。落ち着いて行動しないと、やがて大きなけがにつながります。気をつけましょう。

ポジティブ

　活動的でいつも友だちと元気に遊ぶことができます。ただ、夢中になりすぎてしまうことがあったので、**遊ぶ場所や遊び方を工夫したり、行動する前に少し立ち止まって確かめる習慣をつけたりすると、**より安全で楽しい学校生活が送れます。

　活動的な生徒の中には、安全への配慮に欠け、常にけがと隣り合わせの生活をしている生徒がいます。こういった生徒は、まずは活動的であることを認めつつ、けがをしないための具体的な方法を示すことが大切です。こういった傾向は学校生活に限ったことではないので、あえて所見で示すことにより、家庭でも注意してほしいことを間接的に伝えるねらいもあります。

自主・自律

〇新しい仲間に自分から声をかける生徒

　新しく出会った仲間に自分から声をかけ、一緒に行動する姿に感心しました。小学校のときのリーダー性をそのまま中学校でも生かして、よりよい学校生活をつくり出すことができました。学級だけでなく、学年全体で存在が認められています。

〇中学校のきまりを進んで守ろうとする生徒

　小学校とは違った学校生活ですが、中学校に入学してから授業においても学校生活においても、ルールを率先して守り、規律あるくらしをしようとする姿勢にあふれていました。この１学期間に随分とたくましく成長したと思います。

〇状況に応じて自分で正しい判断ができる生徒

　学校生活にも慣れ、ともすると羽目を外してしまいがちな中ですが、休み時間は次の授業準備の時間と考え、昼休みに思い切り体を動かすなど、時と場に応じた態度で生活できていることに感心します。節度ということがわかっているからですね。

〇職員室の出入りがきちんとしている生徒

　職員室の出入りの際には、「失礼します」と大きな声であいさつができます。言葉づかいも適切で、仕事をされている先生方に、「あの子は何組の生徒ですか？」と聞かれることが何度かありました。中学生らしい態度がきちんと身についてきましたね。

〇学級委員に立候補しがんばった生徒

　学級委員に立候補してがんばりましたが、その理由が「自分たちの手で信頼できる学級をつくりたい」という願いでした。教師に頼らず自分たちで解決していこうとする意識の高さに感心しました。さらに、その言葉通りに活躍してくれました。

〇合唱コンクールの問題を解決しようと努力した生徒

　合唱コンクールの取組で起きた問題に対し、問題を指摘するのではなく、どう解決すればよいかを示し、さらに、歌の苦手な仲間と昼休みに一緒に練習するなど、見事に解決に導きました。金賞は、〇〇さんの努力が大きな陰の力となりました。

〇学級の仲間の問題を先頭に立って解決していった生徒

　学級のグループ間の対立が問題になった際には、話し合いの時間をつくり、お互いの言い分をきちんと出させたうえで、「信頼し合える仲間になるために、まず自分が信じよう」と呼びかけるなど、学級に対する愛着の強さを感じうれしく思いました。

○進んであいさつをすることで存在感を発揮している生徒

　朝、○○さんの元気な声が教室に響き渡ることで学級の1日が始まると言っても過言ではないほど、存在感があります。笑顔で前向きな性格は、仲間をひきつける魅力があります。単に元気なだけでなく、だれにでも分け隔てなく接するからですね。

○学級会でリーダーシップが取れる生徒

　学級の話し合いで意見が出ないときには、「これは自分たちのことなんだからちゃんと自分の意見を言おう」と働きかけ、どんな意見が出てもそのよさを理解して、みんなの納得を生み出せるよう呼びかけることができていました。

○努力している仲間を進んで称賛できる生徒

　帰りの会では、リーダー的な仲間の活躍だけでなく、学級の中で目立たない生徒のひたむきさや小さな親切などにも目を向けて発言することがたびたびありました。仲間のよさに絶えず目を向けている証拠で、非常に感心しました。

○進んで仕事を引き受ける生徒

　土曜日の施設ボランティアの参加者が少ないことを知り、「私、空いているから行きます」と立候補してくれました。何にでも積極的に挑戦しようとする前向きな姿勢にいつも感心しています。

○優勝の喜びをみんなで味わおうと呼びかける生徒

　体育大会の優勝の際には、給食の牛乳で乾杯するミニパーティーを企画し、喜び合うとともに、陰の功労者をたたえる賞状まで手づくりするなど、みんなを感激させる取組が自然にできるすばらしさがあります。

○生徒会執行部の役員に立候補した生徒

　後期生徒会の書記に立候補して選挙活動をがんばりました。結果は残念でしたが、よりよい学校づくりへの提案をしっかり考え、演説では具体的な課題を指摘しながら、堂々と語りきる姿に感心しました。力を蓄え、再度挑戦することを期待しています。

○部活動でお世話になった先輩のために感謝の会を企画した生徒

　部活動でお世話になった先輩を送るために、プログラムを準備し、家で当日の役割分担やシナリオを書くなど、先輩思いの主体的な活動が光りました。万全の準備のおかげで、3年生が感動する会になったと聞きます。うれしい活躍です。

生活

学習

特別活動

特別なニーズ

△生活記録ノートに予定を書かずいつも友だちに教えてもらう生徒

ネガティブ

　明日の予定を生活記録ノートに書き忘れることが多く、友だちに教えてもらうことが多くありました。自分のことは自分でやらないと、己を律する力はつきません。自分に厳しく、やることはきちんとやりましょう。

ポジティブ

　困ったときに助けてくれる友だちが多く、楽しい学校生活を送っているのは○○さんのすばらしいところです。ただ、自分でやるべきことまで友だちに頼ってしまっては○○さんのよさが伸びないので、次学期は**明日の予定や持ち物を生活記録ノートに毎日書くことに挑戦してみてください。**

　短所を伝えるだけでなく、友だちが多いというよさをまずは認めます。そのうえで、友だちに頼るべきことと頼ってはいけないことを見極められるように所見で方向づけます。保護者も、忘れ物の多さには気づいていることが多いので、具体的な目標を三者で共有することで改善を図ります。

△部活動の終わった後なかなか下校しない生徒

ネガティブ

　部活動が終わった後、用事もないのに友だちと長くしゃべっていて下校が遅くなり、まわりに迷惑をかけることがありました。むだなことをせず、正しい下校時刻を守れるようにしましょう。

ポジティブ

　部活動では器具の片づけやコートの整備まできちんと行えるよさがあります。**ほっと一息ついたら、その後友だちと話すのも長くなりがちなことはわかります**が、せっかくのよい行動がぼやけてしまうので、**下校するまでが部活動**だと考えましょう。

　部活動の練習が終わり、片づけの後、ほっとしてついつい友だちと話し込んでしまうというのは、中学生にはよくあることです。その心理には一定の理解を示したうえで、きちんと下校することを意識づける所見が有効です。そのためにも、片づけをしていることをきちんと認めたうえで、「下校するまでが部活動」とわかりやすく端的な表現で理解を求めます。

生活

学習

特別活動

特別なニーズ

△自然の家研修の班活動に消極的だった生徒

ネガティブ

　自然の家研修の班活動の企画を話し合ったとき、ほとんど自分から意見を出すことがなく、意欲も感じられませんでした。何のための班活動なのかを考え、自分から意見を出さないと、研修に行く意味がありません。

ポジティブ

　中学生になり、新しい自分をつくろうと**毎日の掃除や係活動をコツコツがんばっています**。自然の家研修でさらに挑戦をしたいと考えているようです。話すことだけが積極性ではありません。**班の一員として進んで行動することも積極性**です。期待しています。

　声に出して意見を出さない＝消極的と捉えがちですが、声に出さなくても自分の意思を確かにもっている生徒は少なくありません。そういった意思を日常の行動から捉えてがんばっていることを称揚し、そのうえで、本人らしい積極性の発揮の仕方を、事例をあげて述べることが大切です。

△集配係として点検しか行わない生徒

ネガティブ

　集配係として、宿題の提出チェックや配付物の確認をしていますが、チェックするだけで呼びかけをしないため、成果が上がりません。与えられたことだけをやればいいという考え方を捨て、自主的に活動する姿に期待します。

ポジティブ

　集配係として宿題の点検活動や配付物の確認をきちんと行っています。**チェック表にもれなく記録している姿は立派**です。**毎日点検しているとどこが問題なのかが見えてくるはずなので、気づいたことをみんなに話してみましょう**。係の仕事がもっとおもしろくなります。

　毎日の当番活動や係活動は、ともすると単調でおもしろみに欠けることがありますが、それでも点検をきちんと行っている生徒には、まずそのこと自体を価値づけて所見に書きます。そのうえで、点検するからこそ見えてくる問題点をきっかけに活動をアップデートするよう方向づけて所見に書きます。

責任感

○入学式の代表あいさつをがんばった生徒

入学式の新入生代表のあいさつでは、堂々と中学校生活に対する希望を語り、まわりを驚かせました。臆せずはっきりと話し切ることができるよさがあります。入学後にも、自分の考えをきちんと話し、責任ある行動がとれています。

○学級委員に立候補しがんばっている生徒

学級委員に立候補し、見事にやり抜きました。言いにくいこともきちんと言いきる強さが長所ですが、同時に、押しつけるのではなく、みんなでがんばろうと呼びかける姿はさすがでした。みんなも気持ちよく協力し、学級の団結が高まりました。

○健康係としてがんばっている生徒

健康係として、朝の健康観察に責任をもってやりきりました。体調のすぐれない仲間がいると、「○○さんの元気がないので、みんなで気配りをしてください」と呼びかけるなど、委員としての責任感は抜群でした。

○代議員としてがんばっている生徒

代議員として学級の様子を代議員会で伝えたり、生徒会の取組をみんなにわかるように説明したりするなど、学級と生徒会とのパイプ役としてがんばりました。先輩に対しても臆せず自分の意見を語れることにも感心しています。

○掃除班長としてがんばっている生徒

掃除班長として、学校も自分も美しくなる掃除に率先して取り組みました。単に指示するだけでなく、大変な分担を引き受けたり、後片づけを進んで行ったりすることで、学級の中で最も美しくなる掃除を実現していました。

○サッカー部の学年代表としてがんばった生徒

サッカー部の１年代表として、20名の同級生を見事に束ねました。用具の準備など目立たない役割も多い１年生ですが、その意味をみんなに伝え、「ピカピカにしようぜ！」と呼びかけるなど、見事なリーダーぶりでした。

○生活委員としてがんばっている生徒

生活委員として、服装チェックや教室の整理整頓をがんばりました。言いにくいこともあったのですが、「みんなでこの学級のすごさを見せつけましょう」と呼びかけ、みんなで声をかけ合う取組として展開しきったのはさすがでした。

○責任をもって頼まれたことを果たす生徒

みんなが期末テストに打ち込んでいる時期にも、委員会の取組票の集計を一生懸命やっている姿に感心しました。保健委員として、学校全体の生徒の健康を守るという責任に対する自覚があるからですね。この責任感が将来への礎になります。

○放送委員としてがんばっている生徒

放送委員として、責任をもって朝の放送をやりきっています。さわやかに呼びかける声は、すぐに〇〇さんだとわかります。みんなの明るい1日をつくりだす重要な役割を担っているというプライドも感じます。これからもがんばってください。

○生徒会立候補者の責任者としてがんばった生徒

生徒会に立候補した友だちに頼まれ責任者となりましたが、その応援ぶりは見事でした。大きな声で立候補者のよさを伝え、声を張り上げてがんばる姿は、生徒の心を動かしました。当選の影の大きな力となりましたね。

○行事の実行委員長としてやりきった生徒

自然の家研修の実行委員長としてみんなをよくリードしました。「協力」のスローガンのもと、どんな場面で何ができればよいのかを明確にし、常にスローガンに戻って呼びかける姿に、リーダーとしての資質を感じました。おかげで大成功でしたね。

○集配係として責任をもって提出物を集めた生徒

朝の会では、いつも「提出物は持って来ましたか？」とチェックする活動を継続しました。特に驚いたのは、連絡帳にきちんと書いたかを確かめたり、友だちの家まで電話したりして徹底的に提出できるように取り組んでいたことです。

○掃除の時間の後片づけがきちんとできる生徒

掃除の時間には、反省会が終わった後に、こぼれたバケツの水滴を拭きとる姿を何度も目にしました。やればよい活動から、やりきる活動へと意識の高まりが見られました。責任感と同時に、よりよい生活づくりへの強い意志を感じています。

○文化祭実行委員としてがんばった生徒

文化祭実行委員として、本部からの連絡をきちんとするだけでなく、「成功のために学級としてもしっかりとがんばりましょう」と呼びかけを続けました。その甲斐あって、出し物のダンスもすばらしい内容になりました。

△与えられた仕事を最後までやり抜けない生徒

ネガティブ

　学習委員でありながら、授業に集中できなかったり、必要な学習道具の忘れ物が目立ったりします。委員としての立場を自覚し、規律ある生活を心がけることが大切です。そうすることで、みんなからの信頼も高まっていくことと思います。

ポジティブ

　学習委員として呼びかける立場になったことで、授業に対する意識が少しずつ変わってきました。理科では、**進んで実験に取り組んだり、体育ではチームの作戦を立てたりするがんばり**が見られます。**提出物チェックもしっかり行うなど**、確かな成長が見られます。

　自分の仕事に責任をもって取り組むことが苦手な生徒にも、必ずがんばっていることが何かあります。そういったことをきちんと見取り、具体的に価値づけることが大切です。小さな進歩を認めることで、係の仕事などに対する責任感も少しずつ高まっていくからです。

△掃除の時間に集中できない生徒

ネガティブ

　掃除の時間には、面倒くささが先に立ち、どの分担でもいい加減にしかできません。掃除はみんなで協力して学校を美しくするための活動です。心を込めてやることでこそ本当に掃除をする意義があります。責任をもってもっとがんばりましょう。

ポジティブ

　教室掃除では、重いロッカーの後ろまでほうきを入れて掃除をするなど、汚れを見つけて掃除をする力があります。人が気づけないところに気づけているということなので、**掃除を楽しくする工夫を考えると掃除名人になれる**と思います。**○○さんだからこそできる掃除**に期待をしています。

　掃除の苦手な生徒は、「しっかりやりなさい」と言うだけではなかなかがんばることはできません。しかし、そんな生徒も、ちょっとした工夫で掃除に楽しみながら取り組めることがあります。義務としての掃除ではなく、自分だからこそできる掃除という見方を示すことも、やる気を出させる1つの方法です。

生活

学習

特別活動

特別なニーズ

△呼びかけが命令的な生徒

ネガティブ

　生活委員として、服装のチェックやチャイム着席など、けじめのある生活づくりにがんばっていますが、常に命令口調で、みんなにとっては取り締まられているような気分になります。もっとやさしい言葉で呼びかけないと嫌な気持ちになります。

ポジティブ

　生活委員として、けじめのある生活づくりの点検活動に**熱心に取り組んでいます。**分け隔てなく確実にチェックする姿には、**強い責任感を感じます。みんなの努力を認め、呼びかけの言葉を工夫すると、委員としての○○さんの存在感がさらに高まるに**違いありません。

　厳しい言葉で呼びかける生徒は、純粋に責任を全うしようとしていることが少なくありません。よって、まずは、熱心な取組とその背景にある強い責任感を価値づけます。そのうえで、言葉がけを工夫することで、一層委員としての存在感が高まることを示唆し、方向づけていく所見にします。生徒がもっているやる気を損なわないように導くことが大切です。

△トイレ掃除に打ち込めない生徒

ネガティブ

　トイレ掃除では、床に水を流してブラシで少しこするだけなのが残念でなりません。みんなが敬遠する場所だからこそ、丁寧に心を込めて掃除をしてほしいと思います。このままでは、心が少しも磨かれません。

ポジティブ

　廊下掃除では、中央だけでなく隅々まで美しくしようと膝をついて雑巾がけをする姿に感心しました。トイレ掃除は、大変なことも多くだれもが敬遠しがちですが、○○さんのあの働く姿なら、**トイレの掃除も工夫できるはず**です。汗する姿に期待しています。

　トイレ掃除は、どうしてもはずれの掃除場所と思われがちです。そこで、まずは他の掃除場所でのがんばりを認め、その力を用いて、「あなたならトイレ掃除も工夫してできるはず」と、期待を込めて記述するようにします。

○学級を明るくするアイデアのある生徒

はじめて出会った仲間と親しくなるために、朝の会で「私の秘密紹介」という特技や妙技、趣味などを紹介するプログラムを提案しました。このアイデアのおかげで毎朝、驚きや笑いの絶えない朝の会になりました。

○学級の係を工夫して提案する生徒

学級に必要な係を出し合う際に、みんなが１日をハッピーに過ごすための「幸せ係」を提案しました。そして自らその係になって、様々なアイデアを提案し、やり抜いています。ユーモアのある内容で、学級を楽しくさせてくれています。

○学習係としてがんばっている生徒

学習係としてみんなの学力を高めるために、「３分前学習」をがんばりました。家でミニテストを考え、授業の５分前には黒板に書いて、答えを確かめ合うことで授業にもスムーズに入ることができました。その発想の豊かさと行動力に感心しています。

○教科連絡係としてがんばった生徒

教科連絡係として、バラバラだった授業連絡をまとめる授業伝言板を作成し、それを見れば大切なことがひと目でわかるように工夫しました。アイデアと行動力に脱帽です。学級の授業での忘れ物も、この工夫で随分と減りました。

○図書委員としてがんばった生徒

図書委員として学級の読書量を増やすために、おすすめ本を紹介したり、みんなで借りる日を決め昼休みに全員が図書館に行ったりなど、具体的な取組を展開しました。おかげで、全校で第２位の読書量になり、学級自慢が１つ増えました。

○学級新聞係としてがんばった生徒

学級新聞係として、学級のニュースはもとより、「知ってる？　こんなこと」「見〜つけた秘密」など、思わず飛びつきたくなるような記事を意欲的に書きました。その評判を聞きつけ、教科担任の先生が持って帰られるほどでした。さすがです。

○掲示係としてがんばった生徒

掲示係として、学級の歩みがわかる掲示を工夫しました。班活動やみんなの紹介コーナーなどの楽しい掲示を考えるだけでなく、掲示物の剥がれや傾きにも細やかな配慮をしてくれていて、何度見ても楽しい教室掲示でした。

○定期テスト対策をがんばった生徒

定期テストの前には、学級の平均点を300点越えにしようという目標を立て、予想問題を教科係ごとに出し合うなど、みんなで納得のいく結果が出るようリーダーシップをとりました。平均302点と目標を達成できたのは、○○さんのおかげです。

○自主学習の方法を工夫した生徒

教科書を写すだけだった自主学習ノートが、美しくまとめられ、要点がひと目でわかるように工夫されるようになり驚いています。家庭学習の方法を自分なりにつかんだのですね。これを継続すれば、これから必ず学力は向上します。期待しています。

○話し合い活動で建設的な意見が出せる生徒

学級の話し合いでは、互いの意見のよいところを尊重しながら、新たな方法をつくり出していく力があります。どの意見も大切にするので、多数決が必要なくなり、みんなからも、「アイデア博士」と言われています。頼もしい存在です。

○学習の仕方を工夫できる生徒

ノートを見ると、写すノートではなく、参考書としてのノートづくりが、3色の色分けでできていて感心します。頭の中の理解がそのままノートになっているのですね。高い学力はこのノートに秘密があることがよくわかります。まだまだ伸びます。

○授業での説明が上手な生徒

授業での説明がとても上手です。特に資料をつないだり、前の人の意見のよさとつないだりして、深めて話すことが得意で、みんなからは、「そろそろ○○さんの説明を聞こうか」と言われるほどです。深い理解がないとあのような語りはできません。

○計画を立てて学習できる生徒

休日なども自分で計画を立て、効率的で深い学習ができるよさがあります。特に、毎日の学習と、休日だからこそできる学習を区別して取り組めることに感心します。工夫して取り組めばこのような成果が出るのだと学級の模範になっています。

○アイデアが豊かで独創的な作品づくりができる生徒

美術や技術・家庭科などでは、独創的な作品づくりができます。イメージを膨らませて形にしていく独創的なやり方ですが、ストーリーが見えるような作品で感動します。○○さんならではのこの独創性は、進路でも必ず生きると思います。楽しみです。

生活

学習

特別活動

特別なニーズ

△学習委員として与えられた仕事だけしかやらない生徒

ネガティブ

　学習委員として、授業のあいさつと忘れ物確認だけに終始したことは残念です。もっと、学習にみんなが意欲的に取り組むことができるよう、呼びかけができるとよいと思います。委員会活動はあいさつと点検だけではありません。

ポジティブ

　学習委員として、授業のあいさつや忘れ物確認を毎日確実に行いました。**日々の活動に責任をもって取り組めるのはすばらしいこと**です。これからは、さらにみんなが**授業に集中できるように、挙手の呼びかけや、３分前学習などに挑戦する姿に期待**します。

　日々の活動として点検をきちんとできるのは、委員として責任をもっていることの証です。よって、このこと自体はまず価値づけるべきです。ただ、委員会活動のねらいに照らすと、創造的な活動にも取り組むことで自分を磨くという観点が大切なので、挙手の呼びかけや３分前学習など、創造的な活動の例を示して方向づけるとよいでしょう。

△与えられたことを型通りにしかできない生徒

ネガティブ

　与えられたことにきちんと取り組むことはできますが、型通りで自分らしさが感じられません。もっと、自分らしさを出さないと、自分だけの進路を実現することはできません。アイデアを出せるようにがんばりましょう。

ポジティブ

　ノートはきれいな字でびっしりと書かれています。板書もきちんと写されていて感心します。これだけきちんと書けるのですから、**形にこだわらず、世界に１つの参考書づくりだと考え、必要なことだけを色を使ってまとめる**とさらに力がつきます。

　教科書や参考書を写すのが勉強だと思っている生徒がいますが、ノートを学習の作戦基地にするための方法を具体的に所見に書くと、学力向上のヒントになります。まず、きちんと書けることを認め、だからこそ、形にこだわらず、色を使ってまとめる方法を助言すると効果的です。保護者にも、まじめなだけの学習からの脱却が学力向上のカギであることを伝えることになります。

△問題が解けるとそれだけで満足している生徒

ネガティブ

　数学の授業では、答えが見つかると暇そうにしていることがよくあります。もっとよい方法がないかを考えたり、説明の仕方を工夫したりするなど、主体的な学習を心がけないと学力は向上しません。これからの努力に期待します。

ポジティブ

　数学では、**直観力があり、答えをパッと見つけることができます**。このよさは、論理の過程をきちんと説明することでさらに磨かれます。**「本当にこの答えでよいか」と自問し、もう一段階追究を深める**と、さらに力がつきます。

　数学の得意な生徒の中には、直観的に答えを見いだし、そのままにしておく生徒がいます。直観力は大切な能力なので、所見ではそのこと自体は認め、筋道立てて考える力を伸ばすことへの助言をします。多様な見方・考え方を伸ばすことは学力向上には大切なので、積極的に所見に盛り込むとよいでしょう。

△几帳面ではあるものの自分のアイデアでやろうとしない生徒

ネガティブ

　とても真面目で、きちんとやるべきことをやりきるのはよいのですが、自分らしさが感じられないのが残念です。中学校の３年間は自分らしさを磨く時代です。もっと自分のアイデアで勝負することを心がけるとよいと思います。

ポジティブ

　几帳面さと誠実さでがんばっています。**特にノートがきちんと書かれていて美しいノートづくりができています**。あとは、○○さんらしさを出すことで、もっと成長することができると思います。**まずはノートを写すだけではなく、自分なりにまとめることを心がけるとよい**ですね。

　几帳面な生徒の中には、教科書や参考書、板書を写すことが学習だと思っている生徒がいますが、そのような学習の姿勢では学力は伸び悩みます。そこで、真面目さや几帳面さは具体的に認めつつ、自分らしいノートづくりをすることで、創造性を磨く糸口になるように所見を書きます。たかがノート、されどノートです。ノートには無限の創造性が詰まっています。

思いやり・協力

○積極的に話しかけられる生徒

　出身小学校が違う人にも積極的に話しかけ、小学校の垣根を越えた人間関係を築くことができました。○○さんのおかげで、学級の中で寂しい思いをせずに学校生活を送ることができた人も多かったと思います。

○周囲への気配りができる生徒

　休み時間に１人でいる人を見かけるとそっと話しかけ、寂しい思いをさせないように相手を気づかった行動をとることができました。いつも人への気配りができる○○さんの行動は、多くの生徒から高く評価されていました。

○友だちに対して優しい行動ができる生徒

　欠席した生徒の机上にプリントが置かれているのを見るとさりげなく机の中へしまう、そんな優しい行動ができます。友だちが学校へ来たときに困らないようにと相手を思いやる行動がいつもできるのは、とても素敵だと思います。

○相手の立場に立って行動できる生徒

　日直が仕事をやり切れなくて困っているときに、そっと仕事を手伝う姿を何度も目にしました。手助けされた側の生徒に押しつけにならないように振る舞う姿勢が好印象で、○○さんの温かい人柄に感心しました。

○友だちとうまく関係を築くことができる生徒

　友だちから頼まれごとをされると、自分のことを後回しにして、真っ先に依頼されたことを行っていました。友だちの存在を大切にし、相手のために行動できることで多くの友だちから信頼を得ることができました。

○友だちの相談に乗ってあげられる生徒

　友だちが悩んだり困ったりしていると、すぐにその友だちの相談に乗ってあげることができました。相談した友だちからは相談してよかったと感謝の言葉がいつも聞かれ、○○さんのまわりにはいつも多くの友だちが集まっていました。

○友だちとよい関係を築いている生徒

　たとえ親しい友だちであっても、間違った行動をきちんと指摘することができました。指摘だけで終わるのではなく、一緒に改善点を考えて解決しようとする友だち想いの姿に好感がもてました。

○友だちを手伝ってあげられる生徒

けがをして持ち物がうまく持てない仲間の手伝いを率先して行うなど、いつも困った仲間を進んで助けることができました。○○さんの思いやりあふれる行動を参考にして、学級で同じような行動が広がっています。

○友だちの代役を引き受けられる生徒

給食当番が欠席したときには、何も言わずにその代役を引き受け、学級のために行動することができました。だれかから頼まれるのではなく、自分から行動する思いやりの心にいつも感心させられています。

○さりげない声かけができる生徒

席替えでまわりに話し相手がいなさそうな仲間にも、気軽に声をかけて温かい雰囲気をつくり出すことができました。○○さんのさりげない声かけで学級が思いやりあふれる集団になることができました。

○いつでも他の人のために行動できる生徒

委員会決めのときには、だれもやりたがらない委員会を自分のやりたいものを変えてまで引き受けて、学級のだれもが嫌な思いをせずに決めることができました。いつもだれかのために行動する姿勢は学級の模範になりました。

○ボランティア活動に参加できる生徒

地域のボランティア活動に関心が高く、案内が来るといつも率先して参加することができました。ボランティア活動の仕事ぶりもすばらしく、地域の方々からその活動が高く評価されていました。

○学校での奉仕活動に参加できる生徒

学校での奉仕活動への意欲が高く、早朝の清掃作業や放課後の清掃作業など多くの人が敬遠しがちな活動にも積極的に参加することができました。○○さんのような人たちのおかげで、学校は美しい環境を保つことができています。

○学級の仕事を進んで引き受ける生徒

学級をよくするためのキャンペーンの際には、仲間の呼びかけに応じて、クラスの掲示物の作成に尽力することができました。おかげで学級のみんなが目標に向けてがんばることができました。

生活

学習

特別活動

特別なニーズ

△相手の立場に立って行動できない生徒

ネガティブ

　自分が決めたことへの意志が強く、最後まで思いを貫くことができますが、考えを変えることができずトラブルになる場面がありました。相手の立場に立って、相手の考えに耳を傾けるようになると、よりよい学校生活が送れると思います。

ポジティブ

　自分が決めたことへの意志が強く、最後まで思いを貫くことができます。その意志が強過ぎて苦労することがあったのですが、**貴重な経験を生かし、相手の考えに耳を傾けるように行動できるようになりました。**

　自分にとって長所と思っていたことから思わぬトラブルが起きてしまった1つの事例です。トラブルの内容を具体的に書かなくても、本人にはわかるはずです。あえてその経験に触れることによって、乗り越えた成功体験を今後の生活で生かしてほしいという教師の願いを伝えましょう。

△友だちと上手に関係が築けない生徒

ネガティブ

　友だちとの会話では、相手の話を聞かずに自分の話ばかりしている場面をよく見かけます。自分の考えだけではなく、友だちの話をしっかり聞くようになると、これからの友だち関係も改善していくと思います。

ポジティブ

　友だちと自分の興味関心について熱心に話をすることができます。また、**「傾聴」という手法を学んだことで、友だちと話す内容にも厚みが出てきたように感じています。**これからも、より多くの友だちといろいろな話をして、友情を深めていってください。

　学級で友だちとの関係を上手につくれない生徒についての所見の例の1つです。道徳や学活などで学んだ「傾聴」に触れ、その効果を確認することを通して、友だちとの関係が改善していることが伝わるようにします。さらに、相手を思いやる立場で生活することで、今後の友だち関係がよりよくなっていくことも伝えましょう。

△一部の人にしか優しくできない生徒

ネガティブ

　休み時間は多くの友だちに囲まれ、楽しそうに談笑する姿をよく見かけました。○○さんの明るい性格は、まわりの人を温かい気持ちにしています。これからは友だちではない人とも話をするようにしていきましょう。

ポジティブ

　休み時間は多くの友だちに囲まれ、楽しそうに談笑する姿をよく見かけました。○○さんの明るい性格は、まわりの人を温かい気持ちにしています。**この輪が学級全体に広がることを期待しています。**

　一部の友だちとの関係が強固で、その輪が広がっていかない生徒の所見です。性格は明るく、仲のよい友だちとはいい関係が築けているので、それを学級全体に広げてほしいという担任の思いを伝えましょう。書き方としては、期待のあまり行動を強制しているように思われないよう注意する必要があります。

△積極的に奉仕活動に参加できない生徒

ネガティブ

　仲間に誘われたことで地域のボランティア活動に参加することができました。地域の方々から積極的な仕事ぶりは高く評価されていたので、次回からは自分の意思で多くの活動に参加するようにしましょう。

ポジティブ

　仲間からの誘いで地域のボランティア活動に参加することができました。地域の方々から積極的な仕事ぶりは高く評価されていたので、**自信をもってこれからもボランティア活動に参加しましょう。**

　担任としては、仲間からの誘いではなく、自分の意思で参加できるようなボランティア精神を身につけさせたいという思いがあります。しかし、参加すればきちんとした活動ができているので、仲間からの誘いという経緯にはこだわらず、事実に基づいてしっかりとほめ、自信をつけさせることで、これからの活動にも意欲をもたせたいところです。

生命尊重・自然愛護

○多くの生命によって生かされていることに気づき感謝できる生徒

　自然体験学習における様々な活動を通して、水や植物など、多くの命によって生かされていることに気づき、日常の学校生活においても花壇の草花に触れるようになったり、水をやったりする姿が見られるようになりました。

○生命には限りがあることに気づき大切にしようとする生徒

　被災により家族を亡くされた方の話を伺ったり、当時の新聞記事を読んだりしたことを通して、命には限りがあることやたくさんの人のおかげで生きていられることに気づき、命を大切にしたいと考えるようになりました。

○生命にはつながりがあることに気づき大切にしようとする生徒

　家庭科における幼児の発達についての学習を通じて、自分と両親の幼少のころのことを家族に尋ね、だれでも幼いころがあることに気づき、大切に育てられたことや受け継がれる命について考えるようになりました。

○自分の生命が誕生したことの偶然性に気づき大切にしようとする生徒

　家庭科での幼児の発達についての学習を通じて、自分の成長にたくさんの人がかかわっていることやこの世に誕生することの奇跡に気づき、自分を大切にしたいと考えるようになりました。

○自分の生命も他の生命も大切にしようとする生徒

　「いのち」についての講演会を通じて、自分の命も他人の命も大切にすることについて述べた先輩の感想を受け止め、これまで自分のことしか考えていなかった過去を振り返り、「いのち」に対する見方を広げることができるようになりました。

○被災者を思いやり励まそうとする生徒

　災害に遭われた人々の新聞記事を読み、「自分たちにできることはないか」と話し合った際、被災者の方を励ます方法を積極的に提案しました。みんなで命について考えることができるようリーダーシップを発揮し、被災者を励まそうと尽力しました。

○生きることの尊さに気づき生命を大切にしようとする生徒

　大病を経験された方の講演を通して命の尊さに気づき、障がいのあるクラスメイトをこれまでより気づかうようになり、困っているときに手を差し伸べたりよく話しかけたりするようになりました。

○自然の崇高さに気づき感謝できる生徒

　理科の「大地の変化」の学習を通じて、長い年月を経てでき上がった自然の雄大さに気づき、幼少のころから慣れ親しんでいる地元の風景や四季の移り変わりに目を向け、感謝するようになりました。

○自然の中で生かされていることを自覚し感謝できる生徒

　自然体験学習のウォークラリーでは、木陰で休んだり湧き水で喉を潤したりと、自然との触れ合いを楽しみました。その中で自然と人間とのかかわりについて考え、自然に感謝する気持ちが芽生えたことを、集会で伝えることができました。

○自然環境を守ることの意義を知り自然を大切にしようとする生徒

　自然体験学習の炊さん活動を通じて、ゴミを出さないようにすることや水を大切にすることなどを学びました。その後、日常生活においてもゴミをコンパクトにまとめたり節水を心がけたりするようになったことは立派です。

○自然の美しさに気づき大切にしようとする生徒

　自然体験学習で風景をスケッチする活動を通じて自然の美しさを感じ取りました。花壇の花植えを手伝ったり廊下に花を飾ったりするなど、日常生活においても環境美化に進んで取り組むようになりました。

○積極的に自然とかかわり親しもうとする生徒

　自然体験学習で大自然に触れることを通じて自然と親しむことの楽しさを感じ取りました。学年菜園づくりでは、放課後、除草作業をはじめ土づくりから取り組むなど、進んで自然に触れようとする姿が見られました。

○自然の力のすさまじさを知り謙虚に向き合おうとする生徒

　防災学習を通じて自然が人間の力の及ばない存在であることに気づき、今自分たちにできることとして「地域ハザードマップ」を作成して、校区の方たちに提案することができました。

○人間と自然とのかかわりについて考えようとする生徒

　理科の「植物の変化」の学習を通じて、花壇や学年菜園の植物と人間とのかかわりについて考えるようになり、生命があるのは人間だけではないことに改めて気づいたと、帰りの1分間スピーチでクラスメイトに伝えることができました。

生活

学習

特別活動

特別なニーズ

△植物や生き物に優しく接することができない生徒

ネガティブ

　自然体験学習では、道端の花を踏んだり木の実をちぎったり、ヤギに草を投げたりする姿が気になりました。命あるものを大切に思い優しく接することは、自分も大切にされることにつながります。これから意識して努力してほしいと思います。

ポジティブ

　自然体験学習において、植物や動物に対して冷たく接する場面が見られたので、**その場で接し方について教師と一緒に考えました。**その後、**教室の花の水替えを進んで行うなど**、命あるものに対する接し方に変化が見られるようになりました。すばらしい成長です。

　生徒の課題を一方的に指摘するのではなく、生徒自身でそれを克服できるように寄り添う教師の姿を伝えます。また、よい行動についてはそれを具体的に表現し、生徒が課題を克服し、よりよい方向へ変化している様子や成長している姿をわかりやすく伝えることが大切です。

△弱い立場にある友だちに辛くあたってしまう生徒

ネガティブ

　体が弱かったり障がいを抱えていたりするクラスメイトの行動が遅いときなどに、厳しいひと言を投げかけるときがあります。自分がその立場に立ったときにどうしてほしいかをよく考え、行動できる人になってください。

ポジティブ

　クラスには行動が遅いなどいろいろな人がいますが、そのような仲間を寛大な心で見守ることができるようになるといいですね。**同居しているおばあさんに優しく接している○○さんならできるはずです。期待しています。**

　生徒に改善してほしいことがある際には、「日頃から、先生はあなたのよいところをいろいろな視点から見ていますよ」というメッセージを添えることです。そして、今後に期待していることを伝えるように心がけると、生徒は謙虚な気持ちで教師の言葉を受け止められるようになります。

△自然環境を守ることがなかなか理解できない生徒

ネガティブ

　自然体験学習の炊さん活動では、ゴミを分別せずに捨てたり水を出しっぱなしにしたりする姿が見られました。自然環境を守ることは、私たち人間が生きていくうえでとても大切なことです。今後、気をつけて生活をしてほしいと思います。

ポジティブ

　自然環境を守る意味を考えることは、今の○○さんにとって少し難しいようです。今後、**例えば「今、ゴミを分別しなかったらどうなるか」のように先を予想しながら行動する**と、環境を守る意味がわかるようになると思います。がんばってください。

　自分のことや目先のことしか考えられないという生徒は、1年生でよく見られます。そのような生徒には、これからどのように行動すればよいのか、生徒自身がイメージしやすい例をわかりやすい言葉で具体的に伝えることが大切です。その際、「先生はいつでも応援していますよ」という気持ちを込めたひと言を添えると、より効果的です。

△自然とかかわることが苦手な生徒

ネガティブ

　学年菜園づくりでは、土いじりや植物に触れることを苦にする様子が見られました。与えられた役割は果たしていたと思いますが、もう少し積極的に活動できるとよいですね。2学期に期待しています。

ポジティブ

　学年菜園づくりでは、**苗を仕分けし配付する役割を、責任をもってやり遂げていました**。みんながスムーズに作業に入ることができたのは○○**さんのおかげです**。「土いじりは苦手」と言いながらも役割を果たしていた○○さんに**感謝しています**。

　生徒が少しでもがんばっていた姿を認め、それを伝えることが大切です。たとえ活動に消極的であったとしても、その中のプラス面を教師が取り上げ、価値づけて気持ちを伝えることにより、生徒は自分の行動を振り返り、今後どうすることが大事かを考えるでしょう。そして、教師はその後の姿を見守っていくことが重要です。

○生徒会活動で活躍している生徒

　生徒会役員として、朝の清掃ボランティアの呼びかけをするとともに、早朝から活動の準備をするなど、進んで学校のために行動することができました。また、募金活動でも多くの人に声をかけることができていました。

○あいさつ運動で活躍している生徒

　生徒会執行部が中心となって行ったあいさつ運動に積極的に取り組むとともに、まわりの生徒にもあいさつの呼びかけを行いました。自分から先に元気な声であいさつをする姿は他の生徒の模範でした。

○学級の先頭に立って活躍している生徒

　校外学習の出発式では、学級を代表して、目的やスローガンを堂々と発表することができました。いつも学級の先頭に立ち、集合や整列では大きな声でみんなをまとめることができます。

○学級役員として活躍している生徒

　学級役員として、チャイム前着席キャンペーンでは、クラス全員が時間を意識して行動できるように他の学級役員の生徒と一緒に学級全体に声をかけることができました。また、学年球技大会の準備を早朝から行うことができました。

○保健委員として活躍している生徒

　保健委員として毎朝の健康観察を確実に行うなど、自分の役割に対して責任ある態度で取り組むことができました。また、健康週間では、健康安全セルフチェックを行い、級友が安全でけがのない生活ができるように呼びかけました。

○図書委員として活躍している生徒

　図書委員として昼と図書当番の活動を確実に行うなど、自分の役割に対して責任ある態度で取り組むことができました。また、読書週間では、学級で読んでほしい本の紹介を堂々と発表することができました。

○広報委員として活躍している生徒

　広報委員として昼の放送や新聞掲示を確実に行うなど、自分の役割に対して責任ある態度で取り組むことができました。また、放送で流すリクエスト曲を呼びかけるなど、積極的に委員会活動に取り組みました。

○**理科係として活躍している生徒**

　理科係として次の時間の持ち物の連絡や課題の集配を確実に行うなど、自分の役割に対して責任ある態度で取り組むことができました。また、機器の準備や片づけも進んで手伝うことができました。

○**音楽係として活躍している生徒**

　音楽係として次の時間の持ち物の連絡や楽譜の集配を確実に行うなど、自分の役割に対して責任ある態度で取り組むことができました。また、毎時間のＣＤデッキの準備や片づけも確実に行うことができました。

○**黙々と清掃活動に取り組んでいる生徒**

　「黙掃」を心がけて清掃活動に取り組みました。毎日雑巾が真っ黒になるまで教室の床をきれいに清掃してくれました。また自分の分担場所が終わっても、他の仕事を見つけて取り組むことができました。

○**気配りをしながら清掃活動に取り組んでいる生徒**

　清掃では、教室の黒板やその周りをほうきで掃いたり、雑巾で丁寧に拭いたりしてきれいにしました。また授業で先生が使いやすいようにチョークを準備したり、磁石を並べたりするなど、いろいろなことに気づいて取り組むことができました。

○**清掃活動に積極的に取り組んでいる生徒**

　掃除の時間は、教室前の手洗い場を隅々までたわしでこすってきれいにしました。また休み時間でも手洗い場の流しが詰まっていると進んで掃除をしてくれるなど、常に人の役に立てるように行動できました。

○**給食当番に一生懸命取り組んでいる生徒**

　給食当番では、自ら進んで配ぜん台を準備したり、片づけたりするなど、自分の役割に対して責任ある態度で取り組むことができました。また、自分で仕事を見つけて、てきぱきと当番活動を行うことができました。

○**ボランティア活動に積極的に取り組んでいる生徒**

　早朝の清掃ボランティアや地域のボランティア活動に進んで参加しました。ボランティア活動を通して人のために行動することのすばらしさや喜びを体感することができました。

生活

学習

特別活動

特別なニーズ

△委員会活動を忘れてしまう生徒

ネガティブ

　前期は保健委員として活動しましたが、毎朝の手洗い石けんの補充を忘れることがありました。手を洗うときに困っている生徒がいたので、自分の任されたことに確実に取り組んでいきましょう。

ポジティブ

　前期は保健委員として活動に取り組みました。はじめての委員会活動でうまく取り組めない場面もありましたが、**当番の日にやるべき内容をメモしながら取り組むように改善をしています。**次の学期はこの成果が表れてくると思います。

　委員会の活動を忘れてしまう生徒です。活動を忘れてしまっているという事実だけを伝えるのではなく、その事実を克服するためにどのように取り組んでいるかを伝えます。ポイントは、次の学期にこの取組がよい結果につながったら、そのことを必ずきちんと伝えるということです。

△掃除活動に真剣に取り組めない生徒

ネガティブ

　清掃では、廊下と階段をほうきで掃き、ゴミを集めました。自分の仕事が終わったら友だちとしゃべってしまうので、残った時間、自分から仕事を見つけて、時間いっぱいまで取り組めるとよいと思います。

ポジティブ

　清掃では、廊下と階段をほうきで掃き、ゴミを集めました。**決められた仕事は、きちんと取り組むことができるため、**今後は**自分から仕事を見つけて取り組めるとさらにすばらしい**と思います。

　掃除の活動では、自分の分担が終わったら友だちとおしゃべりをしてしまう生徒が少なくありません。こういった生徒には、残った時間、自分で仕事を見つけて時間いっぱいまで掃除に取り組ませたいものです。そこで、生徒のきちんとできているところをまず伝えて評価します。そして、さらにこうしていくとよいと伝えることで成長につなげたいところです。

△当番活動を忘れてしまう生徒

ネガティブ

　給食では、配ぜん台を準備したり、片づけたりする係になっていましたが、仕事を忘れていて、声をかけてもらって行動していました。自分の仕事が遅くなると、みんなに迷惑をかけてしまいます。てきぱきと当番活動ができるとよいですね。

ポジティブ

　給食当番では、配ぜん台を準備したり、片づけたりしました。級友と協力しながら仕事を覚え、少しずつ早く取り組めるようになってきています。学級の**みんなのためになる活動に進んで取り組むことができるようになってきたのは、とてもすばらしいこと**です。

　給食当番を忘れてしまうなど、活動に前向きに取り組めない生徒です。取組姿勢の問題点だけを伝えるのではなく、当番活動に取り組むことは学級のためになり、よいことであるということを励ましの言葉とともに伝えます。少しでもできるようになってきたことを見つけ、伝えていくことが大切です。

△係活動を忘れてしまう生徒

ネガティブ

　理科係として活動しましたが、次の時間の持ち物の連絡や課題の集配を忘れてしまうことがありました。任された仕事を忘れてしまうと、級友が困ってしまいます。自分の役割に対して責任ある態度で取り組めるようにしましょう。

ポジティブ

　理科係として次の時間の持ち物の連絡や課題の集配を忘れてしまう時期があったので、**級友と声をかけ合いながら自分の任されたことに取り組んでいます**。また、**授業で使う機器の準備や片づけを進んで行ってくれました**。

　係の仕事を忘れてしまう生徒です。係活動を忘れてしまうという事実だけを伝えるのではなく、その事実を克服するためにどのように取り組んでいるのかもあわせて伝えます。さらに、同じ活動の中でできていることにも着目し、そのことを伝えていくことで、生徒の意欲向上を図っています。

公正・公平

○公正な判断ができる生徒

学級の話し合いで多数決を行う際、自分の考えとみんなの考えを比べながら、よりよい考えを見いだして判断していました。また、○○さんのひと言でみんなが自分の考えを大切にされたと感じ、いつも気持ちよく生活できています。

○公正な態度を大切にする生徒

自分のやりたいことだけを主張するのではなく、友だちの考えをしっかりと取り入れたり、引き出したりすることで、みんなが納得する答えを出すように働きかける姿がたくさん見られました。

○冷静に考えることができる生徒

物事の一つひとつを冷静に見つめ、本当に正しいことは何なのか、何が間違っているのかをしっかりと考えて行動することができました。また、○○さんの行動が、友だちの判断力を高めているように感じます。

○だれに対しても公平に接することができる生徒

毎朝、登校してから全員にあいさつするなど、だれとでも分け隔てなく接することができました。また、○○さんのそうした姿によって、友だちの表情がいつも笑顔になり、学級全体が明るい雰囲気になっています。

○感情に流されない生徒

学級の話し合い活動の際に、感情的に発表する友だちに対して、ゆっくりと丁寧に受け答えすることができます。また、自分の考えを発表するときも、みんなの表情を見ながら、わかりやすく伝えることができています。

○弱い立場の友だちを守ろうとする生徒

授業中、苦手な問題に悩んでいる友だちを冷やかしている人がいたとき、「一緒に考えよう」と声をかけながら守る姿が見られました。そうした言動に学級の中での信望がとても厚いです。

○同調圧力に流されない生徒

多くの友だちが取り組んでいることでも、本当に正しいことなのかを真剣に考え、自分の意思をはっきりさせてから取り組む姿が数多く見られました。自分の考えをもつことは、どんなときでも大切なことだと思います。

○公平な判断ができる生徒

男女問わず分け隔てなく、だれとでも笑顔でかかわることができています。そのため、友だちから信頼されています。また、困っている人を見つけると、その人がだれであれ率先して応援しようとする姿もたくさん見られました。

○周囲の雰囲気に飲まれない生徒

清掃の時間に関係ないことをしている友だちが数人いても、自分の役割をきちんと認識して、一生懸命に掃除をする姿が見られました。○○さんの姿を見て、多くの友だちが役割の大切さに気づくことができました。

○裏表のない言動をする生徒

いつも裏表のない言動で、本来あるべき方向をしっかりと伝えようとする姿が随所に見られました。そんな姿を見る友だちの目も輝いていて信頼されていることがうかがえます。学級のリーダーとしていつもがんばってくれています。

○学習環境を整えようとする生徒

学習委員として、グループ活動をする際には、丁寧な言葉づかいや笑顔を心がけることの大切さが伝わるお便りを作成し、学級の友だちに伝えていました。また、みんなで決めたルールは、だれよりもきちんと率先して守ろうしていました。

○友だちのけんかを仲裁する生徒

学級の中で友だち同士がけんかをした際に、自ら中に割って入り、互いの言い分を聞いたり、よくないことはよくないと伝えたりしていました。また、○○さんの行動から、学級の中の公正さが高まっています。

○正義感の強い生徒

正義感が人一倍強く、間違ったことには素直に「よくない」と言って、どんなときでも友だちを正しい方向に導こうとしていました。また、その姿を友だちが見て、感心したり、模範にしたりしていました。

○不正を防ごうとする生徒

体育祭の係活動をする際に、仕事をさぼろうとする友だちに対して、「それはよくないよ」と伝え、一緒に仕事をしようとする姿が見られました。○○さんの不正を許さない毅然とした態度が、友だちの心をも正しい方向に導いています。

生活

学習

特別活動

特別なニーズ

△友だちの意見に流されやすい生徒

ネガティブ

　授業の中で話し合いをする際には、自分の考えをあまり伝えることはせず、友だちの意見に合わせてばかりでした。自分の考えをしっかりともたないと、いつも人に振り回されることになってしまうため、改善が必要だと思います。

ポジティブ

　授業の中で話し合いをする際には、**友だちの意見をしっかりと聞く姿をたくさん見ることができました。**自分の考えていることと友だちの意見とを比べて、何が正しくて何が間違いなのかをしっかりと見つめてみると、**もっとよい考え方が見つかると思います。**

　友だちの意見を聞くというのはよくないことではなく、むしろとても大切なことだということを伝えます。そして、自分の考えをしっかりともったうえで友だちの意見を聞くことが、物事の正しいことと間違っていることの判断につながるということを、生徒の成長に役立つように伝えると効果的です。

△友だちの意見を聞こうとしない生徒

ネガティブ

　多くの場面で自分の考えを積極的に伝えるのですが、友だちの意見を聞こうとする姿があまり見られません。自分の考えは大切なのですが、それだけでは正しいことなのかどうかがわかりません。しっかりと人の意見に耳を傾けてほしいです。

ポジティブ

　どんな場面でも、**自分の考えをしっかりともつことができています。**また、少しずつ友だちの意見にも耳を傾けようとする姿勢が見られ始めています。これからもいろいろな人の考えを聞き入れながら、**正しい判断を導き出していってください。**

　自分の考えが強固であることを否定的に伝えるのではなく、人の意見を聞いて正しい判断ができるのは大切だというような肯定的な捉えが伝わるように工夫することが大切です。また、考えをもつ際に、「正しい判断」というキーワードを用いて教師の願いを伝えることも大切です。

△周囲の目を気にし過ぎる生徒

ネガティブ

　周囲の目を気にして、いつも正しい判断ができなくなっていたように感じます。ゆっくりでもよいので、友だち関係に影響されることなく、自分の考えをしっかりと伝えることをしてほしいです。

ポジティブ

　友だちがどんなことを考えているのかを**しっかりと見ながら行動することができています**。今は、自分の考えをもつことを**毎日の日記を通して練習していますので、今後も続けていきましょう**。きっと、大きな力になると思います。

　物事を公正・公平に判断していくためには、周囲の考えをしっかりと取り入れていくことが大切になります。そのため、このことが肯定的に伝わるようすることが大切です。また、自分の考えをもつことへの日々の努力等が見られる場合には、積極的に取り上げていくことが大切です。

△男女差別が目立つ生徒

ネガティブ

　女子生徒に対して望ましくない言動が数多く見られました。場面に応じて助けてもらうこともあるため、「ありがとう」というお礼の言葉や、「助かります」という感謝の言葉を伝えることから始めましょう。

ポジティブ

　仲のよい友だちに対して、**心が温かくなる言葉を積極的に伝える姿がたくさん見られました**。今の人間関係を少しずつ広げていきながら、**だれに対しても心温まる言動ができるようになると、さらに多くの信頼を得ることにつながります**。

　よくない出来事を客観的に伝えるのではなく、よい出来事をわかりやすく伝えることが大切です。また、よい出来事を基に、よいと思われる取組が周囲へと広がっていくように伝えたり、友だちがどのように捉えていくのかを具体的に伝えたりすることも大切です。

生活

学習

特別活動

特別なニーズ

公共心・公徳心

○学校のリーダーとして学校全体に貢献している生徒

生徒会書記として、生徒会主催の運動を企画し、あいさつを推進するために、生徒集会であいさつの大切さについて発表したり、視覚に訴える掲示物を作成したりするなど、学校をよりよくするために貢献することができました。

○委員会の仕事に積極的に取り組んでいる生徒

保健委員として、手洗い・うがいや熱中症対策、換気の励行など、健康的な学校生活を推進するために、視覚に訴えるポスターを作成したり、生徒集会や各学級で発表したりすることができました。

○部活動でチームに貢献している生徒

野球部では、人の前に立つことには控えめですが、準備・片づけに黙々と取り組んだり、地道に練習したりする姿がチームメイトのよい見本となり、チーム全体の活力の向上につながりました。

○体育大会で貢献した生徒

体育大会事前の清掃活動に、大変意欲的に取り組みました。自分たちだけでなく観客の方も気持ちよく参加できるよう、ゴミ０を目指して、学級の仲間に声をかけたり、オリジナルのゴミ箱やポスターを製作したりしました。

○合唱コンクールで活躍した生徒

合唱コンクールでは、指揮者として学級をまとめ、練習の際には、必ずその練習の目標を伝えたり、クラスの仲間に適切なアドバイスを行ったりすることで、コンクール優勝に貢献することができました。

○校外学習で班に貢献した生徒

校外学習では、班長として、一人ひとりの意見をしっかりと聞きながら集団をまとめ、地域の伝統文化に親しみ、理解を深めるという校外学習のねらいを達成することができました。

○学級のリーダーとして貢献している生徒

学級代表としてクラスの先頭に立ち、活躍しています。学級会ではチャイム着席や話の聞き方、整列の仕方など、学級の仲間の意見を聞きながら学級のルールづくりを進め、規律ある集団づくりに貢献しました。

○学級の中でリーダーをサポートしている生徒

正義感が人一倍強く、学年集会や全校集会の場で整列を呼びかけるなど、いつも学級代表や班長を陰でサポートしながら、規律ある学級集団づくりに貢献することができていました。

○清掃活動に熱心に取り組んでいる生徒

清掃活動に積極的に取り組み、いつも時間いっぱい黙々と取り組むことができました。○○さんの丁寧な仕事ぶりは、同じ班の生徒だけでなく、学級の全員が認めているところです。

○進路学習から考えを深めた生徒

職場講話では、熱心に話を聞き、振り返りの中で、職業が単に収入を得る手段ではなく、社会貢献になることの大切さに気づき、将来の進路では、よりよい社会の実現に努めようとする意欲が高まりました。

○地域貢献に努めている生徒

地域の清掃活動に参加する中で、自分の住む地域がいつもきれいに保たれているのは、日ごろの地域の方の努力があるからだということに気づきました。そして、きれいな地域を維持するために、自分も協力していきたいと思うまでになりました。

○伝統文化について考えを深めた生徒

茶の湯体験活動では、作法等の学習や茶の湯体験に熱心に取り組みました。さらに、姿勢やあいさつの大切さなど、私たちの身の回りにある伝統文化について学びを広げることができました。

○伝統的な文化を受け継ぎ引き継いでいこうとしている生徒

普段は控えめですが、得意の百人一首大会に向けて、もっている知識を積極的に学級の仲間に伝えました。学級の仲間と協力し、百人一首の奥深さを楽しみながら練習に取り組むことができました。

○国際理解に努めている生徒

校外学習では、世界の国の生活や文化に触れる体験活動を通して、我が国との相違点や共通点に気づき、日本の文化だけでなく、日本以外の国や地域のことを理解し、尊重していきたいと思うまでになりました。

生活

学習

特別活動

特別なニーズ

△学校のきまりが守れない生徒

ネガティブ

　学級会では、話し合いの場面でふざけてしまうことが何度かありましたが、今後は、学級の仲間の気持ちをよく考えて、建設的な意見で学級をうまくまとめてほしいと思います。

ポジティブ

　学級会では、話し合いの場面でふざけてしまうことが何度かありましたが、**いつも明るく学級の仲間を盛り上げる○○さんのよさを生かして**、前向きで建設的な意見を発表することで、学級をうまくまとめてほしいと思います。

　「話し合いでふざけてしまう」という事実を、ネガティブな面だけではなく、ポジティブな面もあわせて伝えます。そして、生徒に変わることを促すのではなく、生徒の個性を上手に生かせるよう励ますような文章表現の工夫が大切になります。生徒の個性が学級のプラスになるという書き方がポイントです。

△清掃活動に真剣に取り組まない生徒

ネガティブ

　清掃活動の時間に、掃除道具で遊んでいて注意を受けたことがありましたが、それ以後は反省し、少しずつ掃除にも真面目に取り組むようになり、公共物を大切にする心も育ってきています。

ポジティブ

　清掃活動の時間に掃除道具で遊んでいることがありましたが、**担任と話をする中で、掃除をすることが学級のためだけでなく、自分のためにもなるということに気づき、黙々と掃除をするようになりました。**

　清掃活動中に遊んでしまう生徒や、清掃活動に意義を見いだせない生徒は多くいます。注意されたから反省し、改善した、という事実のみを伝えると、注意されたから仕方なくやっているような印象を受けます。そこで、反省の中身を記述することで、本人と担任がどのように取り組んでいるのかが伝わります。また、「心が育った」と抽象的に伝えるのではなく、行動の変化が伝わるような表現を工夫することが大切です。

△行事に消極的な生徒

ネガティブ

　合唱コンクールの練習では、人前で歌うことに抵抗があり、大きな声を出すことができず、学級の仲間から注意されていました。今後は、学級集団の和を大切にすることができるようになることを期待しています。

ポジティブ

　合唱コンクールでは、はじめは人前で歌うことに抵抗があり、自信をもって歌うことができませんでしたが、**学級の仲間と練習を重ねる中で**、少しずつ大きな声で歌えるようになり、当日には、１年○組の一員として力を合わせて合唱することができました。

　行事に消極的な生徒は少なくありませんが、相対評価をするのではなく、本人の変容を個人内評価することが大切です。少しの変化でも肯定的に捉えるようにしましょう。また、公共心・公徳心という点から考えると、集団の中でよりよい集団にするために貢献することができたか、という視点が大切です。生徒だけを捉えるのではなく、集団の中の個と捉えて表現を工夫しましょう。

△文化や伝統についての学習に興味をもつことができない生徒

ネガティブ

　茶の湯体験活動では、作法等の学習や茶の湯体験に興味がもてず、参加せずに見学をしました。今後は、自分があまり興味をもてないことでも、まずやってみるようにするとよい経験になると思います。

ポジティブ

　茶の湯体験活動では、作法等の学習や、茶の湯体験に参加することができず、見学をしました。しかし、レポート作成では、**見学して気づいたこと**をまとめる中で、身の回りには伝統的な作法があふれていることに**気づくことができました。**

　「指導と評価の一体化」というように、活動にはねらいがあり、ねらいを達成するための指導があります。「参加できなかった」で終わっては、教師は何をしていたのか保護者は疑問に思うことでしょう。文化や伝統を大切にすることで公共の中で役に立つことを進んで行う生徒を育成することをねらいとする活動ならば、見学したりレポート作成したりする中で「気づいた」というところまで評価したいものです。

生活

学習

特別活動

特別なニーズ

第2部
通知表の所見文例

第2章
観点・段階別
学習にかかわる所見文例

　本章では、教科の学習にかかわる所見文例を紹介します。

　文例は、新しい学習評価の３観点（「知識・技能」「思考・判断・表現」「主体的に学習に取り組む態度」）に分類してあり、それぞれ３段階の評価（「◎十分満足できる」「○概ね満足できる」「△努力を要する」）に対応する形で示してあります。ただし、「△努力を要する」に対応した文例も、不十分な取組を指摘することを目的としているのではなく、評価に表れなかった努力や改善の取組を見取り、励ますための所見と考えてください。

国語

■知識・技能

◎自分にとって必要な情報を的確に捉えるために、「だれが」「いつ」「どこで」「何を」「なぜ」「どのように」に注意しながら話を聞くことが大切だと理解し、キーワードとなる言葉を素早く書き留め、番号や記号を用いて整理することができました。

◎国語の学習では、聞き手にとってわかりやすく魅力的なスピーチをするために、発表するときは、聞き手の反応を見ながら、声の大きさや話す速さ、間の取り方などに注意してスピーチすることが大切だと理解することができました。

◎同じ場面や場所に着目して様子や動きを何かに例えた表現を探し、どのような情景や気持ちを例えているのかを比べながら考えることが大切だと気づき、描かれている内容を想像することができました。

◎筆者が自分の考えを述べる文章では、実験・観察などで得た事実を基に仮説を検証したり、事実を根拠として意見を主張したりすることが多いことを理解し、論の展開に着目し、その効果について考えることができました。

◎古典の文章には、現代の文章とは異なる言葉づかいが見られることや、形は現代語と同じでも、使われる意味が変わったものがあることを理解し、古典特有のリズムを通して描かれている世界を想像することができました。

○筆者が自分の考えを述べる文章を読むときには、筆者がどのような事実を基にどのような仮説を立てたかについて確かめ、筆者の意見とそれを支える根拠との関係を理解することができました。

○作品を読むときには、登場人物のものの考え方を踏まえ、事象や行為、心情を表す語句の量を増やすとともに、文章の中での語句の意味に注意して読み、語彙を豊かにすることが大切だということを理解することができました。

△国語の授業では、自分の考えをまとめて話すことに少し苦手意識があったようで、自分の意見を付箋や小さいカードに書き出す作業を一緒に行ってきました。今後は、それらを1人で行い、話し合いの中で発表できることを期待しています。

△当初、様子や動きを何かに例えた文章表現を探すことに少し苦手意識があったようですが、比喩や反復、倒置、体言止めなどの表現技法を一緒に確認することで、自分で探したり、考えたりできるようになってきました。

─────────────────────────

△国語の学習では、複数のグラフや文章中の情報を関連づけながら読み解くことに苦手意識があったようで、比較や分類、関連づけなど情報の整理の仕方を一緒に確認してきました。今後は、情報を整理して引用できるように期待しています。

■思考・判断・表現

◎物語を読み深めていく学習では、登場人物の心情や行動を表す語句に注意して読んだり、場面の展開に沿って、登場人物の関係の変化を捉えたりしながら感想をまとめ、どのように感想が変わったか、発表することができました。

─────────────────────────

◎情報を集め、整理してわかりやすく説明するためには、書いて伝えることが有効な方法だと考え、目的や相手に応じて情報を比較して選びました。また、どのように構成するとわかりやすいかを考えて、文章を書くことができました。

─────────────────────────

◎「書くこと」においては、目的や意図に応じて日常生活から題材を決め、集めた情報を比較したり分類したりして整理することができました。また、どのように説明するとわかりやすいのか考え、文章にまとめることができました。

─────────────────────────

◎「読むこと」においては、文章全体を序論・本論・結論に分け、筆者の考えを基に文章の要旨をまとめ、その効果を考えることができました。また、生活の中で、ものの見方や考え方が広がったと思われる体験や事例を発表することができました。

─────────────────────────

◎「話すこと・聞くこと」においては、日常生活の中から話題を決め、伝えたいことを明確にして話の構成を考えることができました。スピーチの会では、視線を前に向け、聞き手の反応や表情を観察しながら話すことができました。

─────────────────────────

○「話すこと・聞くこと」においては、必要に応じて記録したり質問したりしながら相手の話の内容を捉えたり、共通点や相違点などを踏まえて、自分の考えをまとめ、話したりすることができました。

○「読むこと」において、目的に沿って必要な情報を結びつけ、要約することができました。また、賛成か反対か、自分の立場を明確にして、筆者の主張に対する自分の考えをまとめることができました。

△当初、一つひとつの描写に着目しながら読むことに少し苦手意識がありましたが、登場人物の関係が読み取れる表現を場面ごとに表にまとめて考えたところ、自分から表に書き込む姿が多く見られるようになってきました。

△国語の授業では友だちの話を黙って聞けますが、質問をして話を引き出すことには少し苦手意識がありました。あいづちを打つ、聞いたことを繰り返すなどの聞き方を個別に練習することで、少しずつ自分から質問できるようになってきました。

△当初、日常生活の中から題材を決め、集めた情報を整理して案内文を書くことに少し苦手意識がありましたが、身近な「お知らせ」や「ポスター」を参考にすることで、「何を」「だれに」伝えたいのか考え、書き始めることができました。

■主体的に学習に取り組む態度

◎場面の展開について、登場人物の会話や描写を基に積極的に捉え、読み深めることができました。読み深めた感想を短くまとめ、学習課題に沿って、意欲的に感想を交流していました。

◎国語の学習で話を聞くときには、自分にとって必要な情報を的確に捉えるために、自分から記録したり質問したりしていました。後で困らないように、キーワードを素早く書き留めておこうと意欲的に取り組むことができました。

◎物事について説明するとき、相手に理解してもらえるように伝えるために、情報を集めて整理したり、どのように説明するとわかりやすいかを考えながら構成したりしながら、意欲的に国語の学習に取り組んでいました。

◎物語を読んで、「なるほど、そういうことか」「これは、どういうことだろう」など、読んで感じた最初の自分の思いを大切にしながら意欲的に学び、学習の最後には、これまでに気づかなかった新たな発見や疑問を仲間と報告し合っていました。

◎国語の学習で、自分が好きなことをスピーチで紹介するときには、聞き手にわかりやすい話の順序を考え、制限時間に収まるように材料を取捨選択することができました。声の大きさや速さなどに気をつけながら一生懸命練習することができました。

◎古典の文章をリズムを味わいながら繰り返し音読することができました。また、作品に登場する人々の思いや行動について意欲的に考え、古典に描かれている世界を想像することができました。

◎文章の内容を捉えるためには、筆者の考えを要約することが大事であることがわかり、要約するための「技」を身につけようと意欲的に交流できました。必要な情報が抜けていないか、短くまとめる工夫は何かなど、友だちと話し合っていました。

○印象に残る随筆を書くためには、読み手に状況がイメージできるように、書く内容の中心が伝わる構成を考えることが大切だとわかり、友だちと何度も助言し合っていました。

○物語を読むときには、語り手に着目して、だれの視点で描かれているのか考えることが大切だということを学びました。後半の語り手が「僕」だとわかり、「僕」の心情の変化を読み取ろうと繰り返し作品を読むことができました。

△当初、様々な表現技法を学ぶことに少し苦手意識がありましたが、例を出して学ぶことで、日常生活でもよく使われていることがわかりました。今後は、学習した比喩を効果的に使って、より印象深く伝えられるようになることを期待しています。

△国語の話し合い活動では、なかなか自分の考えを話すことができず困った様子だったので、再度、話し合う目的を明確にして伝え、自分の考えを付箋に書くように促しました。小グループで話すことで、安心して考えを話せるようになりました。

△当初、一つひとつの描写に着目しながら読むことに苦手意識がありましたが、「ヒロユキ」や「ヒロシマ」「ナガサキ」などのかたかな表記に着目し、一緒に作者の意図を考えると、自分でももっと探そうという姿が見られるようになりました。

生活

学習

特別活動

特別なニーズ

■知識・技能

◎地理の学習では、地形や気候などの自然環境と人々の生活について、写真やグラフなどの資料を読み取って、人々が地域の環境に合わせて、また環境を生かして生活していることを理解することができました。

....

◎地理の学習では、ヨーロッパの多様な国々が統合を進めることができた理由について、課題解決のために様々な視点から考え、多くの資料を収集・分析することができました。

....

◎古代の日本の学習では、古代日本の王たちが何度も中国に使いを送った理由について、中国の強さや大きさや古代日本の国内の状況、当時の東アジアの様子など、複数の面から捉えることができました。

....

◎奈良時代の学習では、写真や地図などの資料から、中国や朝鮮半島の影響があったことをつかみ、遣唐使の派遣が日本の制度や文化といった国づくりに重要な役割を果たしていたことを理解することができました。

....

◎鎌倉時代の学習では、鎌倉幕府の中心制度である御恩と奉公の関係が、当時の武士たちに好意的に受け入れられていた事実について、承久の乱での兵力差の資料を基に理解することができました。

....

○地理の学習では、資料から読み取った情報を課題解決に生かすことができるようになってきました。資料からわかることと類推したことを分類してまとめると、課題の解決に必要なことが見えることに気づきました。

....

○歴史の学習では、鎌倉時代の武士や民衆の生活について、絵や文章などの資料を読み取り、武士が武芸の訓練に励んでいたことや民衆が徐々に力を増してきたことを理解することができました。

....

△地理の学習では、グラフや写真などの資料から情報を得ることが少し苦手なようです。資料から読み取れることと考えられることを分類しながら、自分なりに情報をまとめていくことに取り組んでいます。

△歴史では、時代区分や時代の大まかな流れをつかむことがやや苦手なようです。時代を代表する出来事や人物を手がかりにしたり、年表を活用したりする習慣をつけているところです。

△歴史の学習では、時代ごとの文化の特徴をつかむことに弱さが見られました。そこで、特徴的な建築や美術品とそれに関連する出来事をあわせて覚えるために、図や表にまとめることに取り組んでいます。

■思考・判断・表現

◎ヨーロッパ州の学習では、統合に成功したかに見えたヨーロッパが、様々な課題を抱え、イギリスのEU離脱という結果に至った理由について、歴史・経済・地形・宗教などの複数の観点から考察・説明することができました。

◎南アメリカ州の学習では、「開発と環境保護のどちらを優先すべきか」という問いに対して、開発を続けながら環境を守ることが大切であり、先進国が何らかの援助をしていく必要があるという判断をすることができました。

◎聖徳太子の政治改革についての学習では、聖徳太子がどのような国づくりをしようとしていたのかについて、十七条の憲法の条文や冠位十二階の仕組み、隋の皇帝にあてた手紙など、複数の資料から自分の考えをまとめることができました。

◎平安時代の学習では、平安時代を天皇が治めた前期、貴族が摂関政治をした中期、武士が活躍した後期の、3つの時期に分けてつかむことを考え、仲間に詳しく説明することができました。

◎鎌倉時代の学習では、モンゴルの襲来後に御恩と奉公の関係が崩れて鎌倉幕府の滅亡につながった理由を、モンゴルとの戦いの特徴や武士の分割相続に着目して調べ、まとめることができました。

○地理の学習では、地域の特色は把握し、特色が生まれた理由についても考えました。地域の特色は気候や歴史を大まかにつかむことで説明できることが多いので、気候や歴史を手がかりに考える習慣をしっかりつけていきましょう。

○歴史の学習では、各時代の文化の特徴を代表的なものの写真や資料から捉えることができています。なぜそう判断したのかを説明することで、判断力や表現力を伸ばすことができます。ぜひ挑戦してみましょう。

△地理の学習では、世界の各地域の特色をつかむことにやや弱さが見られます。人口や気候、産業や交通などの資料を基に説明したり、自分の住む国や地域との共通点や相違点を考えたりしながら特色をつかむことに取り組んでいます。

△歴史では、時代ごとの中心的な出来事や特色をつかむことが少し苦手なようです。その時代の出来事を関連づけて考えたり、出来事の概要だけでなく、原因や結果も常に考えたりすることに取り組んでいます。

△歴史の学習では、日本の出来事と世界の出来事を関連させて考えることが大切です。日本との関連について図に表したり、年表に書き込んだりしながら、日本と世界との関連をつかむことを続けていきましょう。

■主体的に学習に取り組む態度

◎南アメリカ州の学習では、アマゾン地域の開発に関する問題について、環境を保護しつつ開発を持続していく必要性を学ぶとともに、自分の住む地域の問題との共通点を考えながら学習することができました。

◎地理の学習では、授業で学んだことを知識として記憶するだけでなく、身近な問題へと転移・応用し、地域や日本の課題を解決するための見方・考え方として活用する態度が身についています。

◎地理の学習では、世界の国々の国名の由来や国旗について意欲的に調べ、国名の中にはよくない意味のものもあることを知りました。そこから、植民地支配の歴史についても調べることができました。自ら調べ、学習を広げる力がついています。

◎中世の日本の学習では、武士が誕生して力をつけていく過程を、時代背景や武士の特性などと関連させながら、鎌倉幕府の成立までのできごとを１つのストーリーとしてつかむことができました。

◎歴史の学習では、それぞれの時代が、政治、暮らし、外交、文化の４つの観点に分けられると考え、時代ごとに表にまとめることができました。自分で学習方法を考え、挑戦していく姿がすばらしいです。

◎歴史の学習では、写真や図表、文章などの資料から得た情報を、仲間と積極的に意見交換し、自分の見方・考え方を広げたり深めたりすることができました。視野を広げることが社会科の学習では大切です。これからも続けてください。

◎社会科で得た知識や技能を基にして世の中を見つめ、身の回りや日本、世界で課題になっていることは何なのか、だれがどんなことをしたら解決できるのかを常に考えながら学習に臨むことができました。

○地理の学習では、仲間との交流を通して自分の考えをつくり上げていくことができました。さらに考えを深めるために、常に知識やデータに基づいて考えを捉え直すことができるとよいでしょう。

○歴史の学習では、自分がその時代に生きていたらと考え、時代の特徴や課題を見つけることができました。さらに、前後の時代との比較を行い、変わった点を明らかにすることができるとよいでしょう。

△社会科の学習に苦手意識があるようです。学習する内容を自分の身の回りの出来事や、自分の生活経験と関連させていくことで、学習に興味がもてるようになります。日々のニュースを見る習慣をつけるとよいと思います。

△歴史の学習で、事象同士の関連や、影響をつかむことにやや苦手意識があるようです。歴史事象には必ず人がかかわっています。事象の関連をつかむために、その時代に生きた人々の願いや思い、心の動きまで想像しながら学んでいくことを期待しています。

△地理の学習では、世界の国々の位置や特徴を把握することが少し苦手なようです。常に地図を見ながら学習する習慣をつけることや、自分にかかわりのある国を中心に学習を広げていくことに取り組んでいます。

生活

学習

特別活動

特別なニーズ

数学

■知識・技能

◎負の数をたしたり、ひいたりする計算方法を、正の数の計算方法と比較しながら導くことができました。四則を含む計算では、常に計算順序を意識して、素早く、しかも正確に計算することができました。

....

◎様々な事象を文字式で表すことに興味をもち、進んで文字を使った式に表すことができました。文字式がどのような数量を表しているか読み取る場面では、文字を具体的な数に置き換えて、その意味を考えることができました。

....

◎方程式について、既習のいろいろな式と比較しながら、その意味を考えることができました。方程式の文章題を、関係図や線分図などを使って関係を把握し、方程式を用いて解くことができました。

....

◎身の回りの事象に興味をもち、様々なものの間に関数の関係があることを見いだすことができました。そして、比例や反比例の関係を利用して、問題を解決することができました。

....

◎垂直二等分線、角の二等分線、垂線の作図の手順を、ひし形の対称性と関連づけて理解することができました。また、それらを組み合わせたいろいろな作図の問題を解決することができました。

....

◎おうぎ形の弧の長さや面積の公式を導く場面で、既習事項に着目し、説明することができました。個々の図形の面積を求めることはできますから、どんな図形が重なっているのかを考えながら問題に取り組むようにしましょう。

....

◎自ら課題を設定して資料の収集と整理をし、その集団の傾向や特徴を読み取ったり、説明したりすることができました。資料の度数分布表をつくる際、進んで階級を決めたり、正の字を使って度数を調べたりと、効率的に資料の整理に取り組みました。

....

△早合点して計算ミスをすることがありますが、落ち着いて一つひとつ計算をすればミスをしないだけの計算力があります。加法や減法を形式的に変えるだけではなく、その意味も理解して計算すれば、より理解が深まると思います。

△比例や反比例の関係を式に表すときには、比例定数に注意して立式しようとしました。比例や反比例の応用では、数量の関係を表やグラフを使って考えると関係が把握しやすくなるので、練習を積み重ねましょう。

△立体の体積や表面積を求めるときは、見取図や展開図を基にして考えると整理しやすいです。平行になる辺や垂直になる辺などを意識して見取図をかき、展開図を基にして求める習慣を身につけましょう。

■思考・判断・表現

◎正の数・負の数の加法について、2数の符号や絶対値に着目して、自分の考えをノートにまとめることができました。また、減法を加法に直して計算することのよさを、みんなが納得できるように説明することができました。

◎文字を使った式を使うことの意義やよさをわかりやすく説明することができました。式の項を見つける場面では、正の数・負の数で学習したことを基に、みんなにわかりやすく説明することができました。

◎等式の性質を、天秤のイメージを基に具体物を使って、みんなにわかりやすく説明することができました。移項の意味を、等式の性質を使って導いていることを、具体的な式を基に説明することができました。

◎身の回りの具体的な事象の中から、比例するものや反比例するものを見つけ出すことができました。式、表、グラフのそれぞれのよさについて、自分の考えを堂々と発表することができました。

◎空間内での直線や平面の位置関係について、具体物を例示して、みんなにわかりやすく説明することができました。また、立体を構成する図形や線に着目し、どのようにしてできた立体であるかを上手にレポートにまとめることができました。

○日常生活の中で、正の数・負の数が具体的に使われている場面を、数多く見つけることができました。計算問題では、後から見直しができるように必ず途中式を書き、考えることができました。

〇いろいろな立体に興味をもち、様々な視点に着目した分類をして、仲間分けすることができました。また、見取図や展開図、投影図を基にして、それらの特徴をまとめることができました。

△文字式の項ごとの計算ができました。文字の入った項と数字だけの項の計算では、これ以上簡単にまとめられない式がどんなものかを理解することで、必ず正しく計算できるようになります。

△方程式を解く手順は理解していますが、移項のときなど符号を間違うことが多いので、十分注意して取り組んでいきましょう。方程式の文章題では、数量の関係を把握することに重点を置き、図を使うなどして立式すれば苦手意識を克服できます。

△文字式を書くときの約束を理解すれば、文字式を難しいものと感じなくなります。また、文章を文字式で表す問題を数多く考えることが、文字式への理解を深めることにつながるので、これからの取組に期待しています。

■主体的に学習に取り組む態度

〇平均値を求める問題では、正の数・負の数と仮平均の考え方を組み合わせて問題を解決しようと努力することができました。正の数・負の数を利用するとどのようなよさがあるのかを考え、今後の学習に生かそうとしていました。

〇文字式を用いて表す問題では、多面的に捉え、様々な考え方で表そうと努力することができました。また、その問題に類似した問題を自ら作成したり、解いてみたりと、意欲的に学習することができました。

〇過不足の問題を一次方程式で表す際には、多面的に捉え、様々な考え方で表そうと努力していました。また、それまでの問題への自分の取り組み方を振り返り、自ら目標を定めて学習することができました。

〇角柱の表面積を求める場面では、展開図を基に側面を長方形としてまとめて求めればよいことを発見することができました。その考えを、角錐や円錐の表面積を求める際にも応用することができました。

◎円錐の側面がおうぎ形になることを納得しようと、立体模型を基に追究することができました。球の表面積や体積の公式にも興味をもち、図書館の本やインターネットで進んで調べ、公式への理解を深めることができました。すばらしい学習態度です。

◎ヒストグラムや相対度数などを利用すると、資料の傾向を捉えることができることを学びました。また自分の身の回りにある課題を見つけ、それを解決するために学んで得た知識を活用することができました。

○正の数・負の数を含む四則演算の問題では、様々な解き方があることに気づきました。また、その問題に類似した問題を自ら作成したり、解いてみたりして学習することができました。

○一次方程式の導入では、小学校で学習した表を使った考え方を利用して課題を解決することができました。未知の数量が1つ含まれているので、それを文字にして等式にすれば解決できることに気づくことができました。

◎図形的な事象における比例の問題では、はじめ変域を考えずにグラフをかいていましたが、図形ができないことがあることや変域を考えた方がよいということに気づき、最後には正しいグラフをかくことができました。

△数量の関係を等式に表す際、小学校で学習した計算方法を利用することで考えやすくなることや、不等式に表す際には、数を文字に代入することで大小関係をはっきり捉えることができることに気づきました。

△比例の関係を利用する問題では、表や式を利用して考えることができました。反比例の関係を利用する問題も同じです。まずは具体的な数値を表にすることで反比例の関係に気づき、式をつくるようにしましょう。取組に期待しています。

△垂直二等分線、角の二等分線、垂線の作図の手順を組み合わせたいろいろな作図の問題に取り組むことができました。また、その問題に類似した問題を自ら作成することにも挑戦しました。

生活

学習

特別活動

特別なニーズ

理科

■知識・技能

◎身近な生物の観察では、ルーペを正しく使い、色、大きさ、形、場所、などの複数の観察の視点を考えながら、生物や、生物を発見した場所の環境について適切に記録できました。その記録の仕方は仲間の手本となりました。

◎種子植物の分類では、被子植物と裸子植物があることを理解し、これまで観察した被子植物と裸子植物の共通点や相違点について考察したことを、表を用いて説明できました。その説明により、仲間も分類の仕方を学ぶことができました。

◎金属の見分け方の学習では、密度が物質に固有な数値であることを説明し、求めた密度の値に近似している金属を適切に選択することができました。金属以外の密度も例に出し、物質が密度によって特定できることを理解できていました。

◎光の進み方の学習では、凸レンズにおける物体の位置と像の位置や大きさとの関係について正しく理解し、作図によって適切に説明できました。学習した内容を活用し、カメラや望遠鏡などのレンズについても考え、説明することができました。

◎火山灰の学習では、同じ鉱物では色や形状など結晶の形が共通していることを踏まえ、主要な鉱物を特徴とともに理解し、火山灰によって鉱物の種類や割合が変化することを、色合い、マグマの粘性との関連などをあげて説明できました。

◯気体の性質の学習では、様々な気体の発生方法と捕集方法、その性質について表などに整理できました。また、その中で、発生方法が異なっていても性質が同じであれば同じ気体であることを説明することができました。

◯音の大きさや音の高さを変える仕組みの学習では、弦をはじく強さや弦の長さ、張りと音の大きさ、高さの関係について、簡易オシロスコープを正しく扱いながら調べ、得られた結果を記録することができました。

△動物の観察では、相違点や共通点を具体的に記入することに苦手意識がありましたが、インターネットなどを利用して調べ、わかったことを記入することができました。今後も調べながら自分で解決する力が伸びることを期待しています。

△当初、力を矢印で適切に作図することができませんでしたが、自分の作図と、仲間の作図を、作用点の位置、矢印の向き、矢印の長さの3点から比較することで、作図できるようになりました。今後も仲間と比べながら理解を深めてください。

△当初、チャートが堆積した環境を推定することに難しさを感じていましたが、砂や泥が陸から供給される粒子は大洋までは届きにくいことに仲間との交流で気づき、微生物が堆積したことを理解できました。

■思考・判断・表現

◎セキツイ動物の分類の学習では、からだのつくりの他に、実際に生活している様子や子どものころの様子などの資料を提示しながら分類することができました。その資料のおかげで、仲間も間違えやすい分類を理解することができました。

◎ものの調べ方の学習では、様々な物質の性質を調べる観点をあげ、どのように調べたらよいかについて自分の考えを適切に表現できました。また、他の仲間の考えを聞いたうえで考えをまとめる姿勢があり、学び方の手本ともなりました。

◎水溶液の性質の学習では、溶ける様子を粒子モデルで表現して、顕微鏡でも見えない粒子であること、粒子の数が変化しないために質量も変化しないこと、時間が経っても粒子が均一であることをわかりやすく説明することができました。

◎音の伝わり方の学習では、音を伝えている物体に気づくことができ、空気であったり糸電話の糸であったり、何らかの物体がないと音は伝わらないことを適切に表現できました。また、真空中では聞こえなくなることを説明することができました。

◎化石の学習では、示相化石と示準化石の考え方とその違いや、それぞれに分類される主な化石について理解できました。さらにアンモナイトとオウムガイのからだのつくりを比較し、化石について理解を深めることができました。

○種子植物の葉を観察する学習では、葉のつき方、葉脈、葉の大きさ、葉の形、根の形などに注目して、単子葉類と双子葉類の特徴を見いだし、表現することができました。

生活

学習

特別活動

特別なニーズ

○物質の状態変化の学習では、水と比較しながら、身の回りにある物質の状態変化について、課題を見いだし、身の回りの物質が固体、液体、気体に変化することを表現できました。

....

△当初、溶解度の学習では、水の温度によって溶ける質量が変わるのかについて考えることが難しいようでしたが、仲間との交流を通して、温度と溶ける量の関係に気づきました。今後も仲間の意見を参考に、考察する姿勢を大切にしてください。

....

△当初、ばねにはたらく力とばねの伸びの関係を説明できませんでしたが、ばねばかりにどのような変化が起こるのかを何度も実験し、その結果から比例関係であることを見いだせました。何度も実験を行うその姿勢を今後も大切にしてください。

....

△当初、火山岩と深成岩の区別をできていませんでしたが、観察を通してスケッチ等で表現したことにより区別することができました。このように対比しながら違いを考えることは大切です。今後も対比して考える方法を大切にしてください。

■主体的に学習に取り組む態度

○植物の分類の学習では、これまでに学習した内容から5つの植物を分類し、表やチャート図やベン図などをかき、まとめることができました。さらに、学習していない植物を分類する活動にもねばり強く取り組み、仲間の手本となりました。

....

○動物の学習では、自分の生活の中にどのような生物がかかわっているかを考えたり、野外の生物を実際に観察する計画を立てたりしながら、他の仲間と協力して互いに話し合い、ねばり強く課題を解決しました。その姿勢は仲間の手本となりました。

....

○身の回りの物質とその性質の学習では、実験結果を振り返って、他の班と異なる結果が生じた原因やその改善方法を具体的に考えることができました。その科学的に探究しようとする態度は、仲間の手本となりました。

....

○蒸留の学習では、結果を基に、試験管に何が多く含まれているかをねばり強く考え、沸点の違いを利用して混合物を分離できることを見いだし、さらに石油の分留など、蒸留が社会で利用されていることに関心をもつことができました。

◎全反射など光の進み方と物の見え方について、光の反射や屈折の規則性を基に自分の考えをまとめようと、仲間と話し合いながらねばり強く取り組みました。光ファイバーの原理なども考え、身の回りにある技術についての理解も深めました。

◎音と光の進む速さの違いから、いなずまや花火の光が見えてから音が聞こえるまでの時間の差に着目し、計算をして距離を出すことができました。また、音についての疑問に対して、自分の得た知識で説明することができました。

◎火山の恵みについて進んで調べ、具体例をあげて説明できました。学習したマグマの性質と火山噴火の様子も関連づけて考察しようとしたり、自治体のハザードマップを参照したりして、防災意識の向上につなげることができました。

○溶解度の学習では、実験中の気づきや、結果の意見交流に進んでかかわろうとし、再結晶が溶解度によって起こる現象であることを理解しようと、ねばり強く取り組むことができました。

○力の世界の学習では、身の回りの物体にはたらく力について事例をあげるとともに、その力のはたらきから、力の種類の分類について進んで考えようとしていました。

△当初、身近で見られる生物探しでは、何を観察したり、記録したりするのかについて悩んでいましたが、仲間の記録を参考に、生物の観察と記録ができるようになりました。今後も生物に興味をもち、生物についての理解が深まることを期待しています。

△当初、身の回りの動物にあまり興味をもつことができませんでしたが、食事のメニューや通学路で出会う生き物など、自身の経験とかかわっている生物に気づくようになりました。今後も様々な生物に興味をもち、理解が深まっていくことを期待しています。

△当初、地震によっておこる災害について深く考えていませんでしたが、総合的な学習の時間の防災学習を通して関心が高まり、津波や液状化現象などについて深く調べ、災害と対応についてまとめることができました。

生活

学習

特別活動

特別なニーズ

音楽

■知識・技能

◎校歌の歌唱表現では、繰り返し練習して正しいリズムと音程を覚え、明るく伸びのある発声と豊かな声量で歌うことができました。堂々と歌う姿は仲間のよい手本となりました。

・・・

◎合唱活動では、歌詞を繰り返し読み込み、歌詞と曲想のかかわりを理解することができました。理解したことを表現に生かしながら、曲のまとまりを生かした合唱をつくり上げることができました。

・・・

◎アルトリコーダーの学習では、伸びやかな高音で演奏するために、息の使い方やサミングを正確にできるように練習することができました。リコーダーらしい美しい音色を響かせることができました。

・・・

◎旋律の創作活動では、フレーズのまとまりを大切にするために、音の長さと進行を考えて作曲することができました。また、作曲した曲を仲間と聴き合い、楽しむことができました。

・・・

◎アジアの民族音楽の鑑賞では、インドや中国などの民族音楽と日本の民謡を比べながら聴き、声の音色や響きによって生まれる違いのおもしろさを感じ取りながら鑑賞することができました。

・・・

○合唱の練習では、仲間と正確な音取りに励み、美しい響きを意識して合唱することができました。仲間と聴き合いながら音を確かめる姿勢が美しい合唱の演奏につながっています。

・・・

○和太鼓の学習では、奏法によって多彩な音色で演奏できることに興味をもち、何度も繰り返して練習することができました。和太鼓の迫力ある音色を体全体で感じ取りました。

・・・

△歌う姿勢や表情、口腔の開け方を意識し、響きを確かめながら発声し、練習に励みました。練習の積み重ねが歌うことや仲間と合唱する楽しさにつながっていきます。さらに練習に励んでいきましょう。

△アルトリコーダーの学習では、練習を重ねることによって、息の使い方やサミングがスムーズになってきました。さらなる上達を目指して、努力する姿勢を大切にしていきましょう。

△鑑賞活動では、楽曲から感じたことや思ったことを言葉で表現することにやや苦手意識があったようですが、リズムや音色などを視点として聴き、少しずつ鑑賞曲に自分なりの感想を表すことができるようになりました。

■思考・判断・表現

◎校歌の歌唱表現では、歌詞の意味や表す情景、旋律の動きを理解し、明るく伸びやかに歌いたいと願いをもち、表情豊かに歌い上げることができました。その歌唱は、仲間のよい手本となりました。

◎歌唱活動では、楽曲の曲想を感じ取り、曲想を生かす速度や強弱の工夫を何度も繰り返して練習し、表現豊かに歌うことができました。仲間と聴き合い、練習を通してより深く曲想を考えることができました。

◎合唱活動では、３度や５度の響きを感じ取るために階名で歌って、響きを確かめながら練習しました。美しいハーモニーの合唱を目指し、響きの充実した合唱をつくり上げることができました。

◎リズム創作の活動では、静けさと激しさを表現しようと反復や対照を生かした構成を考え、楽譜にすることができました。対比の効果が生かされた、まとまりある曲を創作することができました。

◎鑑賞活動では、楽器の音色や旋律の動きを視点として聴き取ることができました。特に楽曲がもつ美しさを感じ取り、表す情景を思い浮かべながら鑑賞することができました。

○合唱練習では、合唱コンクールに向けて、強弱の変化を生かした演奏を目指し、練習に励みました。仲間と意見を出し合いながら練習を進め、ダイナミックな合唱をつくり上げることができました。

生活　学習　特別活動　特別なニーズ

〇日本の音楽の学習では、和楽器の「箏」の演奏に挑戦しました。箏の音色の特徴や楽器の仕組みを理解するために、仲間に奏法などのアドバイスをもらい、練習を進めることができました。

△歌唱表現することに苦手意識がありましたが、仲間と合唱することを通して、「こんな合唱にしたい」と願いをもつことができるようになってきました。願う合唱にするために、曲のよさを味わうことを大切にしていきましょう。

△アルトリコーダーの学習では、正しい運指で演奏したいという願いをもち、練習しました。楽譜を正しく読み、リズムや拍の流れを大切にした演奏ができるように、さらに努力していきましょう。

△鑑賞活動では、楽曲を聴き、イメージと音楽とのかかわりを考えることに苦手意識がありましたが、映画音楽の鑑賞では映像と結びつけて、聴くことの楽しさを感じ取ることができるようになってきました。

■主体的に学習に取り組む態度

〇音楽とのかかわりを大いに楽しんでいます。表情豊かに合唱したり、楽曲の特徴やよさを進んで感じ取ろうとしたりすることができました。また、積極的に意見を述べるなど、意欲的な態度で音楽の授業に臨むことができました。

〇音楽に関する知識が豊富で、自分が生活の中でよく聴いている音楽を基にして、感じたことや知っていることを積極的に発言しました。1学期を通して音楽の授業を活性化する存在でした。

〇学級の合唱活動では、パートリーダーとして的確に音取りや譜読みを進め、パート練習をリードすることができました。学級の合唱する意欲や表現力を高めることができました。

〇学級の合唱活動では、指揮者として楽曲に込められた自分たちの思いを表現しようと仲間をリードして練習することができました。〇〇さんの堂々とした指揮ぶりが魅力的でした。

◎音楽の授業での鑑賞だけでなく、普段からいろいろなジャンルの楽曲を聴き、自分の感じたことを書き記したり、発表したりと素直に伝えることができます。さらに音楽に親しんでいきましょう。

◎リズム創作や言葉を使ったアンサンブル曲の創作に、興味をもって取り組むことができました。また、リズムの特徴や言葉の抑揚を生かし、何度も試しながら意欲的に作曲することができました。

◎日本の伝統的な楽器に興味をもち、日本特有の響きや音色に親しみながら和太鼓や箏の演奏を楽しむことができました。また、実際に自分で演奏することで、日本の音楽への興味を深めることができました。

○合唱や器楽の演奏に意欲的に取り組み、楽曲の特徴や曲想から自分なりに感じ取ったことを言葉で表現することができました。表現活動に意欲的に取り組む姿をこれからも大切にしていきましょう。

○鑑賞活動では、作曲者や作曲された時代背景、エピソードに興味をもち、調べることができました。調べたことを基にして鑑賞することで、楽曲のよさをさらに味わうことができました。

△当初は歌うことに苦手意識をもちながら合唱練習に取り組んでいましたが、練習を進める中で、仲間と合唱する楽しさを感じながら合唱することができるようになってきました。

△小学校でのソプラノリコーダーの学習を生かしながら、アルトリコーダーの練習に意欲的に取り組みました。練習を重ね、自信をもって演奏できる楽曲を、さらに増やしていきましょう。

△演奏したり、創作したりと音楽で表現することに少し苦手意識がありましたが、身近に聴く音楽に関心をもち、学習曲とかかわらせながら授業に臨むことができるようになってきました。

生活
学習
特別活動
特別なニーズ

美術

■知識・技能

◎絵画の表現活動では、形や色彩が感情にもたらす効果を多様な視点から理解したり、幅広い視野から美しさや生命感といった雰囲気を全体的なイメージで理解したりすることができました。

....

◎彫刻の表現活動では、形を捉えるために粘土を粗づけしたり、とったりを繰り返して行い、全体や部分の形やバランスを追究して、主題に迫るよりよい表現をすることができました。

....

◎デザインの表現活動では、形や色彩の性質やそれらが感情にもたらす効果などについて、見る人や置かれる場所などの多様な視点から、自分の生活とつなげて理解することができました。

....

◎デザインの表現活動では、形や色彩が感情にもたらす効果を意識しながら試行錯誤を重ね、相手に伝わりやすいデザインになるように工夫して、完成までの見通しをもちながら創造的に表すことができました。

....

◎工芸の表現活動では、幅広い視野に立ち、使う人や条件、形の特徴を基に、使いやすさと美しさを全体的なイメージで捉えることの大切さを深く理解し、制作することができました。

....

○絵画の表現活動では、形や色彩が感情にもたらす効果や、形や色彩の特徴などを生かして、美しさや生命感といった雰囲気を全体的なイメージで捉えることのよさを理解することができました。

....

○絵画の表現活動では、水彩絵の具のぼかしや重ね塗りなどの表現方法を身につけ、自分の表したいことやイメージに応じて表現方法を使い分けたり、組み合わせたりしながら工夫して作品をつくることができました。

....

△当初、水彩絵の具による表現に少し苦手意識がありましたが、一緒に行った筆づかいや彩色の仕方を自ら試す場面が増えてきました。今後はそれらを主題とかかわらせて作品に生かすことを期待しています。

△当初、主題を考えることに少し苦手意識がありましたが、いろいろな花を見つめたり、身近な体験と関連づけたりすることで主題を考えることができました。今後は主題を生かした作品づくりに取り組むことを期待しています。

△当初、主題と表現を結ぶことにやや苦手意識がありましたが、多くの仲間の意見を聞きながら、作品全体や部分で形や色彩を工夫するとよいことに気づくことができました。今後はより主題を生かした表現に取り組むことを期待しています。

■思考・判断・表現

◎絵画の表現活動では、花を深く見つめて、幅広い視点から花や葉の形の特徴と美しさや生命感といった関係を考え、画面構成を工夫し、自分の願いに近づく表現の構想を練ることができました。

◎デザインの表現活動では、相手や場所のイメージから主題を生み出し、主題をよりよく表現するために、形や色彩が感情にもたらす効果やわかりやすさ、美しさを多様な視点から考え、より伝わりやすい表現の構想を練ることができました。

◎工芸の鑑賞活動では、形や材料の特徴から使いやすさと美しさの工夫を深く感じ取り、作者の心情や表現の意図について幅広く考え、生活の中の工芸の役割など、多様な視点に立って見方や感じ方を深めました。

◎彫刻の鑑賞活動では、多様な視点に立って、形のよさや美しさをより深く感じ取り、主題と表現の意図と工夫を関連づけて考え、自分の見方や感じ方を広げることができました。

◎彫刻の鑑賞活動では、多くの作家や仲間の作品を鑑賞し、形や色彩のよさや美しさをより深く感じ取り、自分なりの根拠をもって考え、見方や感じ方を広げることができました。

○絵画の表現活動では、花を見つめて感じ取った花や葉の形の特徴や生命感から主題を生み出し、画面全体と花や葉との関係を考えながら構成を工夫して、作品の構想を練ることができました。

○鑑賞活動では、形や色彩のよさや美しさを感じ取り、作者の心情と表現の工夫とをつなげて考えながら、自分がもっていたこれまでの見方や感じ方を広げることができました。

△当初、主題と花をかかわらせて考えることに少し苦手意識がありましたが、仲間からの意見を聞くことで、作品全体と花と葉の形から表現意図と工夫を考えることができました。今後はこうした考えを表現につなげていくことを期待しています。

△当初、デザインの表現活動にやや苦手意識がありましたが、身近な生活の中で使われているピクトグラムについて考え、見つけたことをノートに書けるようになりました。今後は仲間との交流の中で自分の意見を発表することを期待しています。

△当初、デザインの鑑賞活動に少し苦手意識がありましたが、形や色彩が感情にもたらす効果を身近な体験から考えていくことで、見つけたことをノートに書けるようになりました。今後はそれらを話し合いの中で発表することを期待しています。

■主体的に学習に取り組む態度

◎絵画の表現活動では、自ら進んで水彩絵の具による表現に楽しくかかわり、常によりよい表現を目指して、形や色彩の効果を追究したり、全体のイメージで捉えようとしたりすることができました。

◎彫刻の表現活動では、独創的な視点から表現する構想を練ろうとしたり、主題を表すために試行錯誤を重ねて表現を工夫したりと、粘り強く制作に取り組むことができました。

◎デザインの表現活動では、主体的に活動に取り組み、わかりやすさと美しさを目指して、形や色彩がもたらす効果についての知識を生かしながら粘り強く制作に取り組んでいました。

◎工芸の表現活動では、独創的な視点から工夫して表現の構想を練ろうとしたり、より使いやすさを求めて試行錯誤を重ねて形を工夫したりと、見通しをもちながら粘り強く制作することができました。

◎…「十分満足できる」に対応した文例
○…「概ね満足できる」に対応した文例
△…「努力を要する」に対応した文例

◎絵画の鑑賞活動では、自ら進んで楽しみながら多くの作品を鑑賞し、形や色彩がもたらしている効果や作品全体のイメージから作者の心情や意図を感じ取ろうと、積極的に取り組んでいました。

◎デザインの鑑賞活動では、主体的に活動に取り組み、独創的な視点でデザインがもたらす効果と調和の取れた美しさを感じ取ろうと、多くのデザイン作品を深く鑑賞することができました。

◎鑑賞活動では、自ら仲間の作品や作家の作品を鑑賞し、作品のよさや美しさを新しい視点を探して感じ取り、自分の見方や感じ方を広げようと努力することができました。

○絵画の表現活動では、花を水彩絵の具で表現することに喜びを感じながら、花の美しさや生命感を表すために構想を練り、自分の願いに近づこうと表現方法を工夫して取り組むことができました。

○絵画の鑑賞活動では、作家や仲間の作品から、形や色彩のよさや美しさを感じ取ったり、作者の心情と表現の工夫とをつなげて考えたりするなど、楽しみながら見方や感じ方を広げることができました。

△学期のはじめのころは、作品交流でなかなか発言できないときもありましたが、学習を進めていく中で自信を深め、自分の表現の意図や仲間の表現のよさを積極的に伝えることができるようになりました。

△当初、デザインの表現活動に少し苦手意識がありましたが、身近な生活の中で使われているピクトグラムを見つけ、その特徴をノートに書けるようになりました。今後はデザインの作品制作に進んで挑戦していくことを期待しています。

△当初、デザインの鑑賞活動にやや苦手意識がありましたが、一緒に形や色彩の特徴と目的をかかわらせながら考えることで、発見したことをノートに書けるようになりました。今後は仲間との交流の中でそれらを発表することを期待しています。

生活

学習

特別活動

特別なニーズ

保健体育

■知識・技能

◎剣道では、しかけ技や応じ技の学習を通して、得意技づくりに励み、見事な小手一面の連続技を得意技にしました。普段の学習に対する熱意と努力が実り、著しい技能の向上が見られました。

....

◎水泳では、補助運動や部分練習を取り入れて、いろいろな泳法をマスターできました。特に平泳ぎでは、手と足や呼吸のバランスを保ち、安定したペースで長く泳ぐ技術を身につけ、自己の記録を更新することができました。

....

◎バレーボールのオーバーハンドパスやアンダーハンドパスでは、腕だけでなくひざ、ひじ、手首を十分に使って正確にパスができました。また、苦手な生徒に対してもアドバイスする姿が見られ、他の生徒の模範となりました。

....

◎バスケットボールのシュートでは、アーチを描いた柔らかなシュートを心がけたり空いている空間へ走り込んだりすることができました。しっかりと話を聞いて学習を進めることができるので、学習したことを確実に理解できています。

....

◎柔道では基本技や得意技を用いて、しかけたり、応じたりなどの攻防を楽しむことができました。特に固め技では、自分よりも体格のある仲間を、技のポイントをしっかりと守ることで押さえ込もうとする姿に目を見張るものがあります。

....

〇サッカーではボールリフティングの練習に前向きに取り組みました。足元の技能が身についたことで、パスやドリブル技能も高まりました。できること、わかることに喜びをもって学習に臨んでいました。

....

〇最後までよく話を聞いて学習を進めるため、学習したことが確実に理解へと結びついています。リレーでは、前走者の合図と次走者のスタートのタイミングを合わせるために何度も練習に取り組み、タイム短縮を実現しました。

....

△ダンスに少し苦手意識があったようで、はじめはうまく表現することができないときもありました。しかし、授業を進めていく中で自信を深め、ロックやヒップホップなどのリズムの特徴を捉え、全身で自由に弾んで踊ることができました。

△体調を崩し、体育の授業は見学が多くなってしまったのは残念ですが、バスケットボールの授業においては、よりシュートがしやすい空間をつくり出す工夫を仲間に助言することができました。

△今学期はよく努力して、苦手だったハンドボールのラテラルパスもきちんとできるようになりました。大きな成長です。この努力を続ければ、さらに大きな成長につながっていくはずです。

■思考・判断・表現

◎サッカーでは、基礎的な知識や技能を活用して、自己課題の解決に向けての取り組み方を工夫することができました。また、班別練習では、○○さんが考えたアイデアに「なるほど」とみんなが感心する場面がたくさんありました。

◎異なる運動をセットにしたサーキットトレーニングを、仲間と意見交換しながら工夫して組み立てることができました。今までのやり方から少しでも新しいやり方にしていこうと仲間に提案して、学級やグループの活動を活性化していました。

◎ハンドボールでは、パスの使い分けがあることに気づき、ボールの投げ方の合理的な方法について考えました。○○さんがその考えを発表したことで、学級全体の理解が深まりました。

◎マット運動のグループ学習では、仲間と自分の体の動かし方の違いに気がつき、お互いの技術向上のために練習方法を工夫しました。友だちやまわりの様子にとてもよく気がつき、「こうした方がよくなる」とアイデアを出しています。

◎まわりのみんなが気づかないことや考えなかったことを考え、みんなを感心させたり驚かせたりしました。見学をする際も、よりシュートがしやすい空間をつくり出す工夫を仲間に助言することができました。

○創作ダンスでは、「テーマに合わせた動き」についてのグループでの話し合いの際に、自分の考えをしっかりともって、友だちの考えとの違いをきちんと自分の言葉で説明することができました。

生活

学習

特別活動

特別なニーズ

○○○○さんのすばらしさは、「こうしたらもっとよくなる」「こんなやり方どう？」とたくさんのアイデアを考え、みんなにぶつけていけるところです。今後は、自分の意見と比べながら相手の意見を聞けるとさらによいでしょう。

△バレーボールでは、基本的な技能を身につけ、グループで協力してゲームに取り組むことができました。話し合い活動では少し消極的な部分が見られたので、自分の考えを発表することで議論を深めて理解につなげてほしいと思います。

△当初、集団で動きを合わせることに少し苦手意識があり、班別練習では消極的な場面が見られました。集団行動の動き方を資料集で調べるなど、努力をコツコツ続けていけば、きっと成果が表れると思います。

△バスケットボールでは、学習したことだけで満足してしまい、うまくいかないことがあっても、自分から聞いたり、調べたりして解決しようとする姿勢があまり見られませんでした。次学期以降は、自分から進んで問題を解決するよう取り組み、さらに力を伸ばすことを期待しています。

■主体的に学習に取り組む態度

○長縄や短縄を使った縄跳びでは、人数や回数、テンポの変化に興味をもって楽しさを見いだし、積極的に取り組みました。また、跳び方について教科書や資料集で進んで調べ、理解を深めることができました。

○水泳では、自分があと少しがんばれば達成できそうな記録を目標にして練習に取り組み、力強い泳ぎで目標を達成することができました。自分の苦手なところを自覚し、自分でフォローしていこうとする姿勢が見られました。

○マット運動では、小学校で学習した技をより滑らかに演技することができ、発展技の習得に向けて積極的に取り組むことができました。何事にも意欲的に取り組み、粘り強く最後まであきらめずにがんばろうとする態度はすばらしいものです。

○相撲では、地道な稽古も嫌がらずよく努力して、基礎基本となる技を確実に身につけました。また、相手を尊重するための作法や所作を守る態度は、他の生徒の模範となるほどでした。

◎マット運動では、自分や仲間の課題解決に向けて、自らの考えを述べるなど、積極的に話し合いに参加することができました。また、マットを置くとき、安全への配慮を意識することができ、マットがずれたときも進んで直すなど、他の生徒の模範となるような学習態度でした。

◎鉄棒運動では、開始姿勢や終末姿勢を意識して練習に取り組み、さらに、握り方などの条件を変えての練習にも積極的でした。目立たないところでもコツコツと努力しており、その成果が今学期の成績にもはっきりと表れています。

◎体ほぐしの運動では、いろいろなところで手をたたいたり、上体をひねったり、テンポに変化をもたせたりする運動に楽しく取り組みました。できることの喜び、わかることの喜びを前面に出す姿が見られました。

○心身の発達と心の健康について、自分の生活を振り返りながら、話し合い活動に意欲的に参加することができました。自分で考え、自分で調べる姿勢に変わってきたようです。学習の楽しさがわかってきたからだと思います。

○縄跳びでは、人数や回数、テンポの変化に興味をもつとともに楽しさを見いだし、積極的に取り組むことができました。あきらめずに練習を続けることでだんだんと苦手を克服し、自信をもてるようになりました。挑戦することの大切さを学んだ○学期でした。

△なかなか思うようにタイムを向上させることはできませんでしたが、競技学習や競技会でのルールやマナーを守ることで、公平性が確保されることを理解し、仲間とともに楽しく学習を進めました。

△当初は、体つくり運動であらゆる動きに対応するのが苦手でしたが、運動施設を十分に活用して、走ったり跳んだりして連続的に運動を行うことで、挑戦してみようとする前向きな姿勢に変化していったことがすばらしかったです。

△けがで授業に参加することができませんでしたが、見学のときに腕や脚の動かし方のポイントをつかんでまとめることができました。また、記録を取るときは進んで計時係を担当し、仲間からも感謝されていました。

技術・家庭

■知識・技能

◎インターネットの仕組みを理解しており、情報を収集したり活用したりする能力が高く、班員からの問いかけに答える場面が数多く見受けられました。また、情報モラルやセキュリティ対策に関する知識もあり、安全にコンピュータを使うことができました。

◎両刃のこぎりについて、縦びき用の刃と横びき用の刃の特徴を理解し、それぞれの刃を使い分けながら使用することができました。また、切り始めと切り終わりを意識しながら、正しい姿勢でまっすぐに木材を切断することができました。

◎かんなを用いて、木材の切り口をきれいに切削することができました。かんなの各部の名称とかんなの調整の仕方を理解し、正しい作業の姿勢を意識しながら、丁寧にこば削りを行うことができました。

◎中学生の時期に必要な栄養の特徴について理解し、必要な栄養を満たす1日分の献立を正しくつくることができました。また、身近な食品を6つの食品群に分類する方法を理解し、分類することができました。

◎さけのムニエルの調理実習では、安全と衛生に留意しながら、適切な火加減でムニエルをつくることができました。また、後片づけも素早く行うなど、手際よく調理実習を行うことができました。

○さしがねを用いて、木取りのポイントを考えながら、板材にけがきを行いました。はじめはやや戸惑いながら作業をしていましたが、練習を通してまっすぐ線を引くことができるようになりました。

○野菜を調理するときに、野菜の種類に適した調理方法や、調理上の性質について理解することができました。また、調理実習では、学んだことを生かして肉じゃがをつくることができました。

△金属の切断では、慣れない工具の使い方に戸惑いながら作業を進めていました。学習を進めていく中で、少しずつ使い方にも慣れ、他の生徒の助けも受けながら、安全に気をつけて作業をすることができるようになりました。

△バランスのよい食生活を送るための献立を考えたときに、はじめは栄養が偏った献立を考えていましたが、友だちからの助言を参考にして、バランスのよい献立に近づけることができました。

△食品の廃棄率に関する学習では、はじめはうまく計算することができませんでしたが、何度も取り組むことで、準備する重量や可食部分の重量を基に廃棄率を求めることができるようになりました。

■思考・判断・表現

◎身の回りにある製品の多くに使われている木材や金属、プラスチックの特徴について、実験を通して理解し、まとめることができました。また、これらの材料の加工方法についても、わかりやすくまとめることができました。

◎自分の製作品をしっかりと評価し、次の製作にも経験を生かそうと、他の生徒の意見を踏まえて考え、まとめることができました。また、持続可能な社会に向けてどのようなことができるか、自分なりに考えることができました。

◎栄養素の種類と働きを考えた、バランスのよい献立を考えることができました。特に、地元の名産であるほうれん草を用いるなど、オリジナリティのある献立を考え、とても好評でした。

◎ハンバーグの調理実習では、調理に必要な手順や時間を考えるなど、計画を工夫することができました。また、ひき肉の料理上の性質を生かした調理方法を考え、工夫して調理することができました。

◎地域の食文化に関するレポートの作成では、本などを用いてたくさんの情報を集めることができました。また、わかりやすくレポートにまとめるだけでなく、イラストを入れるなどオリジナルの工夫が随所に見られました。

○自分がつくりたい製品を考え、作業手順や作業工程をまとめることができました。材料の特徴を理解し、身の回りで自分が困っていることを考え、それを基に構想図を仕上げることができました。

○食生活の学習を通して、食品の安全性に関する課題を見つけ、解決のための方法を考えることができました。また、自分や家族が食事をする際に、食料自給率を上げるにはどうすればよいか考えることができる。

△製作品を丈夫にするために、どのような工夫が行われているかを考える授業では、はじめは自分の意見や考えが出てきませんでしたが、グループワークを通して少しずつ考えることができるようになりました。

△のこぎりびきの授業では、はじめはまっすぐに木材を切断することができませんでしたが、上手に切断している人の姿や他の生徒から、まっすぐ切断する方法を学びとることができました。

△不足している食品群を補えるような献立づくりに苦手意識があったようですが、表を見ながらグループワークで考えることで、栄養のバランスが取れた献立を考えることができました。

■主体的に学習に取り組む態度

◎コンピュータの仕組みについて、自分で調べてきたことを発表するなど、とても意欲をもって取り組むことができました。また、コンピュータの実習では、進んで他の生徒に教えるなど、積極的な姿を見せることができました。

◎かんなを用いた加工では、かんな身の出し方や抜き方を意識しながら、刃先の調整にこだわっていました。丁寧に作業し、よりよい製作品に仕上げようと努力する態度は学級のよい手本になっていました。

◎塗装の作業では、研磨紙を用いて素地磨きを一生懸命行ったり、はけの使い方を意識しながら行ったりすることができました。よりよい製作品になるように、意欲をもって丁寧に仕上げようとする姿はすばらしいものでした。

◎作業後の後片づけでは他のだれよりも積極的に掃除を行ったり、授業の振り返りカードの集配を行ったりするなど、意欲的に学習に取り組むことができました。また、他の生徒の補助を進んで行う姿も頻繁に見られました。

◎１日に必要な食品の種類と概量について関心をもち、自分の食事の様子などから意欲的に調べようとする姿を見ることができました。また、バランスのよい食生活について積極的に調べたり、考えたりする姿が見られました。

◎肉を用いた料理の調理方法に強い関心をもち、豚肉のしょうが焼きの調理実習に意欲的に取り組むことができました。調理だけでなく、準備や後片づけなどでも率先して動く姿が見られました。

◎郷土料理や行事食について関心をもち、本やインターネットを使って調べようとする姿が見られました。また、住んでいる地域だけでなく、全国各地の雑煮について興味をもち、レポートにまとめることができました。

○組み立ての作業では、きりやげんのうを用いて、楽しくくぎ接合を行うことができました。また、他の生徒の補助を行うなど、みんなで協力して作業を行おうとする姿勢が見られました。

○自分や家族の食生活が環境に与える影響について関心をもち、環境に配慮した食生活を実践しようとすることができました。また、フード・マイレージ問題について関心をもつことができました。

△等角図を用いて、自分がつくりたい製作品を仕上げる姿が見られました。はじめは三角定規の使い方に慣れず苦戦していましたが、他の生徒に教えてもらいながら、かき方のポイントを理解しようと努力していました。

△食品についているマークや食品表示の学習では、身の回りにある食品に触れることで次第に興味をもち、理解できるようになりました。今後も引き続き、身の回りの食品などを通し、関心を広げていきましょう。

△さばのみそ煮の調理実習の計画を立てるときは、魚に対して少し苦手意識があり、話し合いでは消極的でしたが、調理実習では他の生徒と協力して調理する姿が見られました。次の調理実習でも、○○さんが活躍する姿に期待しています。

外国語

■知識・技能

◎ be 動詞、一般動詞の使い分けを身につけ、自己紹介文を正しく書くことができました。また、友だちの自己紹介文の発表を聞き、その内容を正しく理解し、友だちに質問することができました。

◎ what、whose、which などの疑問詞を扱った文に関する知識をしっかりと身につけることができました。また、それらを用いたインタビュー活動では、積極的に多くの友だちとやりとりすることができました。

◎日本文化についての英文を読んで、その内容を正しく理解することができました。また、絵やグラフを用いた聞き取りでは、必要な情報を細かいところまで聞き取り、話の概要を的確につかむことができました。

◎英語の学習では、人称、現在進行形の文の形・意味・用法を理解し、学校行事や部活動について、現在形・現在進行形を使い分けながら、簡単な語句や文を用いて、学校紹介文をわかりやすく、正確に書くことができました。

◎英語の学習では、道案内に関する表現や乗り物の乗り方に関する表現を正しく身につけています。相手に道順や乗り物の乗り方をたずねたり、説明したりする会話が的確でわかりやすく、他の模範となりました。

〇教科書の英文を通して、現在進行形の使い方を知ることができました。また、現在進行形の文を用いた簡単なやりとりを聞き取ったり、ペアで尋ねたり、伝え合ったりすることができました。

〇英文を書く際のルールを身につけ、be 動詞、一般動詞、助動詞が含まれる文のそれぞれの文構造の違いを理解し、様々な文を織り交ぜながら、自己紹介文を書くことができました。

△はじめは、英語の独特の音を聞き取ることに難しさを感じていましたが、ずいぶん慣れてきました。英語を聞き取りやすくするために、音の連結、変化、強弱を意識して、英文を聞いたり、音読したりすることを心がけていきましょう。

△英語に対して少し苦手意識があるようですが、英語の単語の綴りと意味を覚えることで、英文の大まかな意味がつかめるようになってきました。今後は、英語の語順や動詞の変化の形をしっかりと押さえていくと、さらに力がついていきます。

△英語学習に前向きに取り組めています。疑問詞を用いた疑問文と用いない疑問文の用法を確実に覚え、違いがわかるようになることが、さらに力を伸ばすカギになります。復習に力を入れていきましょう。

■思考・判断・表現

◎スピーチ発表に向けて、原稿づくりでは、積極的に調べ学習をし、調べた内容をわかりやすく英文にまとめました。発表の際は、聞き手を意識して、大きな声で流暢に堂々と発表することができました。このスピーチは他の生徒の模範になりました。

◎「自分たちの学校を英語で紹介しよう」というテーマのもと、学校行事や部活動について、自分の考えをまとめ、まとまりのある文章を書くことができました。また、ALTの先生に、写真を用いてわかりやすく伝えることができました。

◎英語の学習では、物語文を読み、内容を把握するとともに、場面や登場人物の心情を表す表現を理解し、場面と心情の変化を読み取ることができました。また、登場人物の気持ちを込めて、表現豊かに音読することができました。

◎クラスで人気のあるものについて調査し、その結果を既習の学習事項を用いてまとめることができました。英文を吟味したり、発表に向けて練習を何度も行ったりすることで、相手にわかりやすく伝えることができました。

◎絵や写真を見て、その場面や状況を的確に判断し、その内容を紹介する英文を正しく書くことができました。さらに、自分の意見や考えをつけ加えることで、紹介文に膨らみをもたせることができました。

○「自分たちの学校を英語で紹介しよう」のテーマのもと、現在進行形を用いて自分の意見を加えて紹介文を書くことができました。また、友だちの前で、紹介文を暗唱して発表することができました。

生活　学習　特別活動　特別なニーズ

○教科書本文のダイアローグの音読では、場面を意識して、英会話らしく、抑揚に気をつけて読むことができました。また、物語文では、大まかな概要をつかみ、登場人物になりきって友だちと協力して音読することができました。

△ある場面や状況において使用する英文の表現が適しているのかわからないときは、友だちや先生に積極的に聞くようにし、覚えていけば、英語を書いたり、話したりすることが、よりスムーズになります。次学期の意欲的な取組に期待しています。

△「自分たちの学校を英語で紹介しよう」というテーマのもと、学校行事や部活動について、教科書を引用しながら、英作文することができました。さらに、自分の考えをつけ加えると紹介文が膨らむので、今後は自分の考えや意見も書いていきましょう。

△英語の学習では、スピーチ発表に向けて、友だちに教えてもらいながら、自分の言いたいことを意欲的に書くことができました。タブレットを使った練習の際に、見つけた改善点を意識していくとよい発表につながります。努力し続けましょう。

■主体的に学習に取り組む態度

◎ ALT との会話テストでは、帯活動で行っているインタビューの練習の成果が見られ、迅速かつ正しく、相手からの質問に答えたり、相手に質問したりすることができました。また、既習のつなぎ言葉を用いて会話をつなげることもできました。

◎英語を得意とし、どの活動も積極的に取り組めています。本文、重要表現、文法事項を確実に覚えるだけでなく、ノートにメモ欄を設けたり、発音やアクセントの確認をしたりするなど、工夫を凝らした学習方法を取り入れ、定着を図りました。

◎英語に関心が高く、ペア学習やグループ学習に意欲的に取り組み、音読活動や発音練習も大きな声でしっかりと練習することができました。また、自ら課題を見つけ克服しようと努力する学習態度には、目を見張るものがありました。

◎英語で行う自己紹介では、友だちや先生からのアドバイスを基に、辞書を使い、原稿を書き直したり、写真や絵を用いて工夫を凝らしたりするなど、目標に向かい、努力を惜しまず、最後まで粘り強く活動に取り組むことができました。

◎英語の学習では、スピーチ発表に向けて自分の発表をタブレットで録画し、改善点を見つけ、何度も練習を重ねることができました。このスピーチの内容と、大きな声で堂々とした発表の態度は、だれもが認めるほどすばらしいものとなりました。

◎英語学習に関心が高く、どの活動においても積極的に取り組んでいるところは、他の生徒の模範となっています。グループ活動においては、中心となってグループをリードし、みんなの意見をうまくまとめることで、授業を活性化させました。

◎読んだことについて、自分の考えを英語でも詳しく話せるようになるという目標に向かって何をしたらよいかを考えることができました。ALT や友だちから表現を学んだり、タブレットを使って適切な表現を調べたりする姿が見られました。

○英語の音読練習を行う際に、友だちとお互いに聞き合い、よい点を共有したり、改善点を修正したりと、よりよい発音ができるようにがんばる姿が見られました。また、自分が理解したことを確認しながら学習を進めることができました。

○ ALT とのインタビューテストを通して、自分の英語学習の仕方を振り返り、弱点を見つけることができました。自分に何が足りないのかを考え、それを克服していこうと、次なる目標をもつことができました。

△少しずつ英語を学習する楽しさを味わうことができるようになってきました。毎時間のスモールトークでは、友だちと簡単な英語を用いて会話をすることで、間違いを恐れずに英語を使うことができるようになりました。

△英語の歌をきっかけに、外国の文化・習慣などへの関心が少しずつ高まってきました。ALT の先生との対話も、回数を重ねるごとに慣れてくるので、わからないときは聞き返すなど進んで取り組めば、さらに楽しくなってきます。

△自分から学ぼうとする姿勢が随所に見られるようになってきました。大きな声で英単語や英文の発音練習をしたり、ノートに書いて覚えたりすることで、自信にもつながっていきます。次の学期以降も、コツコツ努力を続けていくことを期待しています。

生活

学習

特別活動

特別なニーズ

特別の教科　道徳

●友だちと自分の考えを比べることの大切さに気づいた生徒

　授業を重ねるごとに、自分が発言するだけでなく、友だちの考えを聞いて自分の考えと比べることの大切さに気づいていきました。特に、教材「席替え」の自分のクラスのよいところを考える活動では、友だちの意見にうなずいて同意したり、自分の考えをつけ足したりして、たくさん見つけたことを喜ぶ様子が見られました。

　前半で生徒の変容について、後半で態度や発言からわかる思いや考えの深まりについて記述しています。

●自分を見つめる活動に顕著な成長が見られた生徒

　教材を通じて対話や議論をする中で、主人公の行動に自分自身を重ね合わせ、自分の考え方を見つめ直す姿が多く見られました。特に、教材「ネット将棋」の学習において、主人公の気持ちになって、将棋に負けそうになったときの気持ちや考えを素直に自分自身の言葉で表現することができました。

　自分を主人公に投影する活動を通じて自己を見つめながら授業に参加することができる生徒についての記述です。

●ペア対話に積極的に取り組んだ生徒

　自分の考えを基にして友だちとペア対話をする際に、相手の言った考えをメモして自分の考えに取り入れようと工夫するようになり、対話力がかなり身についてきました。特に、教材「ネット将棋」の学習では、学級全体での意見交流の際、ペア対話で相手から学んだことを中心に発言するまでになりました。

　前半ではペア対話に対する意欲の高まりについて、後半では具体例を示しながら、発言内容の変容と成長を記述しています。

●友だちの考えを共感的に傾聴できるようになった生徒

　道徳のペア学習や小集団学習において、相手の話にあいづちやうなずきをしながら共感的に傾聴する姿が数多く見られるようになってきました。こうした共感的な姿は、友だちの自己肯定感を高め、自分自身の受容的で柔軟な考え方を育てています。

　道徳の授業での対話のベースとなる「傾聴」と「共感的な姿勢」とその効果についてわかりやすく記述しています。

●役割演技に積極的に取り組んだ生徒

主人公の気持ちや考えを話し合うための役割演技に進んで参加する姿が多くみられるようになり、学級全体の話し合いのテーマづくりに大きく貢献しました。特に教材「銀色のシャープペンシル」では、主人公になりきり、その葛藤する苦しい思いを自分自身に投影しながら語ることができました。

テーマづくりのための役割演技に対する積極的な姿勢を、具体的なエピソードを含めながら記述しています。

●多面的な考え方ができるようになった生徒

道徳の授業では、問いに対する自分の考えを、1つだけでなく、いくつもワークシートに記入できるようになってきました。問題としている場面での登場人物の言動を多面的に捉えることができるようになり、視野が大きく広がるとともに、考え方にも幅広さがでてきました。

中心発問に対して、一面的な考え方しかできなかった生徒が、多面的に考えることができるようになったことを記述しています。

●多角的な考え方ができるようになった生徒

学級全体で意見を交流する中で、違う登場人物の立場から気持ち等を考える姿勢が身につき、話し合いを活発に行うことができるようになってきました。「小学校のときにはなかった学習活動である」と自己評価の中で記述しており、自分自身の成長を認めることもできています。

生徒の学習活動の成長を、ポートフォリオの自己評価の記載文を引用してわかりやすく所見文化した例です。

●本音で自分自身の考えを語ることができる生徒

道徳では先生からの問いかけに対して、常に誠実で素直な発言を返すようになってきました。時には、自分自身のずるさや弱さなども率直に話すことができ、まわりの意見から自分自身を客観的に見つめようとする前向きな姿勢が育っています。

授業の中での「人間理解」に対する生徒の成長を表現した記述例です。こうした面をしっかり観察することが大切です。

●思考ツールをうまく活用できる生徒

　小集団での話し合いを行うときに、ミニホワイトボードミーティングのファシリテーターとなり、友だちの考えを思考ツールを使ってうまく分類することができるようになってきました。特に、教材「いつわりのバイオリン」の学習では、イメージマップを活用して、対立する２つの考えを見事に表現していました。

　道徳の問題解決的な学習で不可欠な思考の整理を、思考ツールを活用して行ったときの具体例を交えながら示した所見です。

●振り返りを丁寧に行う生徒

　道徳授業の最後に行う振り返りの活動の際、じっくりと授業を振り返り、ワークシートに自分の考えをびっしりと書くことができるようになりました。そして、その中で、自分自身のこれまでの生活や考え方を客観的に捉えることができるようになってきました。大きな成長です。

　振り返りではワークシートや道徳ノートへの記入が多くなります。丹念に観察することによって、よさを所見にも記述します。

●ファシリテーションに積極的に参加できる生徒

　道徳では、主人公の言動を考えるファシリテーションにおいて、積極的に自分の考えを示し、友だちの意見と比較しながら、新しい考えを導き出そうとする姿勢が育ってきました。特にKJ法を用いた活動では、分類後のタイトルづくりを中心になって行うまでになりました。

　道徳の話し合い活動では、このようなファシリテーションが行われます。個々の活動の様子をこのように記述することができます。

●発言は多くないが、じっくりと考えている生徒

　道徳では、どの教材の学習の際にも、すぐに自分の考えを発言するのではなく、時間をかけてじっくりと考えて深みのある発言をするようになりました。小さな字で枠の中いっぱいに書かれたポートフォリオの記述がそれを物語っています。

　授業中発言の少ない生徒の思考は見逃してしまいがちですが、こうした生徒は熟考し、たくさん記述しているケースが少なくないので、それを丁寧に見取ります。

●主に「節度、節制」に関わる道徳性の成長の様子が見られた生徒

　主人公の言動を考えることにより、日常生活の中の習慣が望ましいものになるようにすることが、友だちにもよい影響を及ぼすということにまで考えを広げることができました。教材「もし、あのときにもどれるなら」の振り返りでは、「これまでの後悔を、これからの生活に生かしたい」と記述するまでになりました。

　振り返りの言葉を引用しながら、道徳性に関わる成長を具体的にイメージできるように記述しています。

●主に「誠実」に関わる道徳性の成長の様子が見られた生徒

　対話を中心とした学習を進める中で、自分のことだけを考えるのではなく、相手のことまで考えて自分の行動に責任をもつことの大切さに気づくことができるようになりました。特に、教材「裏庭のできごと」の学習では、「はじめはだませばいいと思ったが、自分が許せなくなってきた」と口にするまでになりました。

　生徒の変容や成長がどこに起因しているのかまで記述することにより、道徳性に関わる成長の様子が伝わりやすくなります。

●主に「希望と勇気」に関わる道徳性の成長の様子が見られた生徒

　偉人や音楽家、アスリートなどの人物の特色ある生き方に強い関心を示し、自分も明確な目標を立て、強い意志をもって実現に向けて努力したいという思いをもつようになりました。特に、教材「栄光の架橋」の学習では、主人公の苦悩に強く共感し、主人公にも自分と同じような弱い面があることを肯定的に捉えることができました。

　偉人等の人物を扱った教材では、成功に至るまでの苦悩を共感的に考えさせるような授業になるので、その過程を生徒の思考に沿って記述します。

●主に「向上心、個性の伸長」に関わる道徳性の成長の様子が見られた生徒

　道徳授業では、「自分自身を知る」というテーマの学習を通して、短所も自分の特徴の一側面であるという肯定的な考え方をするとともに、よさをさらに伸ばしていこうとする思いをもつまでに至りました。

　テーマを決め、数時間の道徳授業を1つの小単元として構成した場合、生徒の道徳性の成長を所見として表現する際にはこのような記述になります。

●主に「真理の探究、創造」に関わる道徳性の成長が見られた生徒

　授業を重ねるごとに、自分の生き方を深く考える態度が育ち、わからないことやできなかったことを謙虚に受け止め、意欲的に学んでいこうとする強い思いをもつようになりました。特に、教材「ジョイス」の主人公の葛藤や苦悩を自分のことのように考えながら対話に参加していました。

　指導者は、心情を中心にして生徒を評価することが多いのですが、この例のように、道徳的な意欲や態度についても評価していくことが大切です。

●主に「思いやり、感謝」に関わる道徳性の成長が見られた生徒

　小集団でのファシリテーションを行う中で、中学入学後の自分の他者に対する行動を振り返り、利己的になっていたことに気づくだけでなく、進んで他者のために自分の力を生かしていこうとする思いをもつまでになりました。教材「バスと赤ちゃん」での役割演技の中での、母親に対する温かい言葉がその思いを表していました。

　振り返りの中には、決意表明的な思いを示す生徒がいますが、強制ではなく自然な感情なので、道徳性の成長として評価する必要があります。

●主に「礼儀」に関わる道徳性の成長が見られた生徒

　「礼儀」や「思いやり」を中心とする学習において、「しなくてはいけないもの」という受け身的な考え方から、「相手とのコミュニケーションをスムーズにする大切なもの」という主体的な考え方に大きく変わってきました。ワークシートにも、「形だけのあいさつにならないようにしたい」と記述するまでになりました。

　1つの内容項目での記述ではなく、他の項目との関わりの中で具体的な例をあげて道徳性の成長を示すような記述が求められています。

●主に「友情、信頼」に関わる道徳性の成長が見られた生徒

　道徳では、「人との関わり」をテーマとする学習の中で、友だちとは一緒に遊ぶだけではなく、嫌なことも相手に伝えることができるような信頼関係をもった友だちが本当の友だちであると気づくことができました。大きな成長です。

　生徒の道徳性の成長を具体的な内容項目の中で伝えていくことが重要です。これらの具体例は、ワークシートなどのポートフォリオから掘り起こします。

●主に「相互理解、寛容」に関わる道徳性の成長が見られた生徒

　道徳では、友だちとの意見交換を通して、自分の意見を通そうとするのではなく、いろいろなものの見方があることに気づくことができました。また、教材の中の登場人物の多くが自分と同じようにまわりを見ることができなかったことについて深く考えることができるようになりました。

　学習のプロセスの中で、他者理解の大切さに気づき、教材中の登場人物に自我関与することができるようになった場合には、このような記述になります。

●主に「遵法の精神、公徳心」に関わる道徳性の成長が見られた生徒

　学級全体での議論を通して、きまりや規則は人を束縛するものではなく、お互いが気持ちよく生活するうえでなくてはならないものであることに気づきました。特に、教材「ルールとマナー」の学習では、「今までルールもマナーもあるから守っていただけではないか」と自身の生き方を深く見つめ直すまでになりました。

　この項目は、学級活動的な内容になりやすいので、「自己を見つめる」という視点を意識しながら記述することが大切です。

●主に「公正、公平、社会正義」に関わる道徳性の成長が見られた生徒

　公正や公平を中心テーマとした道徳の学習において、まわりに流されてしまう行為が、結果的に相手を傷つけることにつながるということを実感として気づくことができるようになりました。特に、教材「魚の涙」では、タレントのさかなクンの辛かった思いを、自分の経験と重ね合わせて考えることができました。

　先に「公正、公平」に関わる道徳性の成長について記述し、後半でその成長を支えた学習プロセスを記述するスタイルの所見です。

●主に「社会参画、公共の精神」に関わる道徳性の成長が見られた生徒

　教材「ボランティア活動に参加して」の学習で、ボランティアを行っている人の損得のない考えに触れ、他の教材においても「社会参画」の視点から、登場人物の心情や考えの善悪を判断することができるようになってきました。

　先に授業中の具体例を示し、後半でその例が学習のプロセスや道徳性の成長について影響を与えたことを示す場合は、このような記述になります。

●主に「勤労」に関わる道徳性の成長が見られた生徒

　まだ将来に対して具体的な目標をもっていない中、道徳の勤労や社会参画に関する内容項目について学習し、「働く」ということが自分にとってどのような意味があるのかを、登場人物の生き方から深く学ぶことができるようになりました。そして、自分の能力をいかにして社会に生かすかということを考えるまでになりました。

　勤労は、キャリア教育的な表現で記述をしてしまいがちな内容項目です。職業選択ではなく、あくまでも「働く意味」を生徒自身とのつながりの中で記述します。

●主に「家族愛、家庭生活の充実」に関わる道徳性の成長が見られた生徒

　詩や作文から作者の心情を考える学習を通して、家族が自分自身にとってかけがえのない存在であることに気づくとともに、自分自身も家族の深い愛情を受けて成長してきたということを考えるようになりました。特に、教材「一冊のノート」の学習では、祖母の孫に対する愛情の深さを、自分の言葉で表現することができました。

　ワークシートの記述を中心として、評価を進めることが多いですが、授業中の発言にも成長が見られます。ポイントになる発言は記録をとることをおすすめします。

●「集団生活の充実」に関わる道徳性の成長が見られた生徒

　学級の生活をテーマとした道徳の学習で、当初は「友だちがいれば学級は楽しい」と考えていましたが、議論を重ねる中で、「自分が学級の中で役に立てることが大切である」と記述するようになりました。このように、学習を重ねていく中で、集団の中の自分の存在を強く意識することができるようになりました。

　ポートフォリオ評価では、学習前の記述と学習後の記述を比較して、どのような道徳性の成長があるのかを捉え、それを文章化することが大切です。

●主に「国際理解、国際貢献」に関わる道徳性の成長が見られた生徒

　「世界」をテーマとした道徳学習で、「問い」を自ら設定する活動に意欲的に取り組みました。「自分には何ができるのか」という「問い」を一貫してもち、現状を知ることが自分にできることだという自分なりの答えを見つけることができました。

　国際理解に関わる価値は、自分との関わりで考えさせることが重要で、その変化がわかるように記述することが大切です。社会科や総合的な学習との違いを意識します。

●主に「生命の尊さ」に関わる道徳性の成長が見られた生徒

　ペア学習で相手の意見を傾聴することにより、命は多くの人によって支えられていることに気づくとともに、自分も支えていこうとする思いをもつようになりました。特に、教材「あなたが生まれた日」の学習では、「自分の命は、多くの人に祝福されて生まれてきたので、感謝して生きていきたい」と記述するまでになりました。

　命を「生と死」から捉えるのではなく、「今生きている自分は多くの人に支えられ『生かされている』」という考え方があることを意識して授業を行いたいところです。

●主に「自然愛護」に関わる道徳性の成長が見られた生徒

　「自然愛護」や「社会参画」等をねらいとした道徳の学習で、環境問題は身近なところにもあることに気づき、日常の生活スタイルを考え直したいという考えをもつようになりました。特に、プラスチックごみを扱った学習では、「身の回りにある美しい自然も守ることが自分の使命です」と発言することができました。

　「自然愛護」を扱った教材の学習では、自分から遠い世界の話として考えやすいので、身近な生活と関連づけた授業展開を工夫することが大切です。

●主に「感動、畏敬の念」に関わる道徳性の成長が見られた生徒

　自然や命に関わるテーマの学習において、小集団での対話を繰り返すことにより、感動する心をもつことが、自然や命を大切にしていこうとする思いにつながるのではないかという考えをもつまでになりました。特に、教材「火の島」の学習では、「地域の自然の美しさを見直す機会になった」と感動をノートに記述していました。

　この例文のように、Dの視点には、様々な内容項目が関わります。それらも含めて、大くくりの評価をするようにします。

●主に「よりよく生きる喜び」に関わる道徳性の成長が見られた生徒

　道徳では、震災をテーマとした学習を通して、逆境や絶望の中にあっても、自分を見失うことなく生きる希望をもって前に進もうとする思いが生まれるには、まわりの人の支えが必要であるということに気がつくことができました。

　Dの視点の学習は、道徳授業の数時間を小単元としてテーマを設定し、指導を進めると、生徒の道徳性の成長を捉えやすくなります。

生活

学習

特別活動

特別なニーズ

総合的な学習の時間

■知識・技能

●日本の食糧生産の問題についての学習では、食生活の変化について学んだことを基にして、他の生活様式の変化にも関心を広げ、多様な資料を活用して追究することができました。

●日本人と外国人の価値観の違いについての学習において、価値観はその国の文化に大きく関係しているので、表面的な違いだけを捉えるのではなく、なぜそうした違いが生まれてきたかを考えることが大切であることを理解することができました。

● AI を中心とする情報化社会の発展についての学習では、自動車の自動運転と私たちの未来社会での生活の変化を最新情報に基づいて追究し、未来の情報化社会の可能性の大きさとその課題を系統的に把握することができました。

●プラスチックごみの問題についての学習において、レジ袋の有料化に大きな関心をもち、その背景を調査することから、プラスチックごみの処理の問題に加えて、深刻な海洋汚染の問題も引き起こしていることを発見しました。

●高齢化社会に関する学習において、アルツハイマーの高齢者に対する支援の在り方を追究する中で、現在の日本の支援体制は極めて未熟な状態で、家族に大きな負担がかかっていることを知り、その解決が必要であることを学びました。

●「がん」に関する学習において、実際のがん体験者から話を聴き、日常生活を見直していくことの必要性と身近な患者への精神的な支援の重要性に気づき、意欲的に講師に質問することができました。

●資源やエネルギーをめぐる探究課題を追究する中で、化石燃料に頼っていた日本の産業が、環境に優しいエネルギーの開発を進めていることを学び、班での課題解決に生かすことができました。

●新型コロナウイルス感染症をめぐる問題についての学習では、友だちと協働してウイルスの特性を調査し、どのような予防が効果的であるかを、学校生活と関連させてまとめ上げることができました。

●「地域の農産物を使った和菓子の商品開発」という課題の探究学習では、和菓子の製造業者の方との数回に渡る打ち合わせと協議から、地域を愛する思いと仕事にかける志の高さを体感するとともに、地域経済の活性化の重要性を深く認識することができました。

●地域の伝統芸能である「島文楽」に関する学習では、今まで気がつかなかった地域文化のすばらしさに気づくとともに、後継者不足や資金不足という大きな課題に直面している現実を学ぶことができました。

●地域の防災に関する学習において、大小の河川が多いという特色のある地形を理解するとともに、自作のハザードマップから被害の想定まですることができ、どのような対策が必要となるかを系統的に考えることができました。

●命にかかわる学習において、動物愛護の面から課題を設定して、殺処分される動物を減らすための努力を関係機関から聞き取り調査することで、飼い主の意識を高めるとともに法整備が必要であることを知ることができました。

●1学期に行った「地域発見学習」において、水害に苦しんだ歴史や繊維産業を中心に発展してきた街づくり、読書を中心に広がる人と人との輪づくりなど多方面に渡って地域のよさを発見することができました。

●生物の多様性に関する学習において、身近にあるタンポポを観察して、セイヨウタンポポという外来種とカントウタンポポという在来種があることを知り、生物の多様性に対する問題意識を高めることができました。

●ゼミ形式で行った探究学習において、地域の民話を取り上げ、地域の神社にまつわる話が奈良時代の税の制度に大きく関連していることを知り、歴史を身近に感じるとともに、地域の歴史を詳しく調査することができました。

●職業を学ぶ探究学習において、「職業人と語る会」の講師の話を聴き、疑問点を次々と質問し、「働くとはどういうことか」という問いに対して、「自己実現」という明確な答えを見つけることができました。

■思考・判断・表現

●日本の食糧の問題についての学習では、農業や食生活の現状を分析して、問題を解決するための仮説を立てるとともに、インターネット検索だけでなく、専門家や農家の人へのインタビュー等を行い、計画的に追究活動をすることができました。

・・・

●日本人と外国人の価値観の違いについての学習では、ホワイトボードを使い、グループの人の考えを思考ツールの活用により見事に分類、整理して問題を焦点化するとともに、解決に向けた議論をコーディネートすることができました。

・・・

●AIを中心とする情報化社会の発展についての学習では、プレゼンテーションソフトの編集の仕方を学習し、それを用いて自分の班の発表用プレゼンを作成し、AI中心の未来社会への期待と不安を詳細に発表することができました。

・・・

●環境とリサイクルを課題とした探究学習において、調査結果の効果的なまとめ方や表現方法について、地元の新聞記者から学ぶ機会をもち、壁新聞を使っての表現方法を身につけるとともに、見事な壁新聞を作成することができました。

・・・

●地域の過疎化に関する学習において、メールやSNSを有効に活用して市役所の職員や地元の高齢者の方と意見交流をすることを通し、解決に向けた見通しを立てるとともに、問題の深刻さを学校webサイトを通じて広く発信することができました。

・・・

●「がん」に関する学習において、タブレット端末を有効に活用し、班員個々が調査した内容をプレゼンテーションソフトにまとめ上げ、データのやりとりを通じてグループの発表プレゼンを作成するというすばらしい活動ができました。

・・・

●資源やエネルギーをめぐる探究課題について、多岐にわたる視点を1つに絞り、一点から問題を捉えるとともに、探究した結果に対する考察を、ブレインストーミングとKJ法を活用し効率よく視覚化できました。

・・・

●新型コロナウイルス感染症をめぐる探究学習において、現状からネガティブな問題だけを焦点化するのではなく、「コロナにより見直されたものは何か」というポジティブな視点から未来志向の課題を設定することができました。

●地域の産業を考える探究学習では、校区内の農業の課題に焦点を当て、フィールドワークを通じて多くの農家の人に聞き取り調査をし、その結果を社会科の地域学習と関連させて分析的に発表することができました。

●地域の文化活動に関する学習では、祭りの歴史や意義、保存会の活動について現地調査するだけでなく、実際に祭りのスタッフとして参加することにより、体験的なレポートを作成することができました。

●地域の防災に関する学習において、「避難所と中学生」という探究課題を設定し、地域の防災訓練に実際に参加するだけでなく、自分たちが考えた避難所運営プランを提案し、災害時における中学生の活動を現実味のあるものにしました。

●命にかかわる学習において、中学入学までの自分の生い立ちを写真と家族への聞き取りからプレゼン資料としてまとめ、その活動から感じたことを p4c（子ども哲学）という探究の対話活動により焦点化することができました。

●1学期に行った「地域発見学習」では、神社仏閣にテーマを絞り、現地にて調査を重ねました。寺社を大型のイラスト画にしてそこに調査結果を明示し、学級全体にわかりやすく説明することができました。

●生物の多様性に関する学習では、cop10などの国際会議で議論された内容を基にして、気候変動と生物多様性をマイナスのイメージだけで捉えず、ビジネスの分野で生かす方法について考え、具体的なプランニングを行うことができました。

●ゼミ形式で行った探究学習において、「感情とは何か」というテーマで探究に取り組み、感情のメカニズムという知識だけではなく、いかにして良好なコミュニケーションを生み出していくかについてフローチャートを使ってわかりやすく表示しました。

●職業を学ぶ探究学習において、「職業人と語る会から得たものは何か」というテーマで、ホワイトボードを活用したファシリテーション活動を行い、「働くことによる喜びとは何か」という個人課題を設定することができました。

■主体的に学習に取り組む態度

●日本の食糧問題についての学習では、活動当初から自身の食生活について問題意識をもっており、学習を進めていく中で、自分の「食」に対する考え方の甘さを認識するとともに、グローバルな視点にも気づくことができました。

●日本人と外国人の価値観の違いについての学習では、違いを考えるという活動自体に問題があるという認識に立ち、「まず知ること」が大切であるという立場を明確にすることができました。考え方の大きな転換になりました。

● AI を中心とする情報化社会の発展についての学習では、活動当初はプラス面ばかりを話題にしていましたが、友だちとのディスカッションを進める中でマイナス面にも気づき、その解決方法まで考えるようになりました。

●環境とリサイクルを課題とした探究学習では、当初、経済の発展を優先する意見との対立から自分の考えを進めることができませんでしたが、講師の話を聞いてから、共存の道を模索することこそが私たちの進むべき道であるという方向で探究活動を進めました。

●地域の活性化に関する学習を通して、自分の住む地域についてはじめてじっくり考えました。学習後には自分たちの住む町に誇りをもつためには、自分が地域のために何かをしなくてはならないと考えるように思いが変わってきました。

●「がん」に関する学習において、がんについての知識を身につけて生活習慣を改善しようとする意欲をもつと同時に、身近ながん患者や小児がんの生徒に対する支援を行いたいと考えるようになりました。

●資源やエネルギーをめぐる探究活動を通して、自分の生活の中の無駄を意識するようになり、多くの人に節電や節約の考えを広めるためには何が必要かという課題について、友だちと協働しながら粘り強く議論することができました。

●新型コロナウイルス感染症をめぐる探究学習では、調査を通して感染症の怖さを知識として学ぶことができ、今後どのように生活していったらよいのかをグループの中心となって具体的に考えることができました。

●地域の商店街を考える探究学習において、多くの人の話を聞く中で、現在の商店街のおかれている状況の厳しさを的確に把握し、商店街再生計画を自らが中心となって作成し、実際に関係者に提案するほどの熱意を見せました。

●地域の伝統工芸に関する学習では、実際に職人の作業を見せてもらうことで興味・関心が高まり、より多くの人に伝統工芸のことを知ってもらいたいという考えから、地域の行事の際に紹介のためのブースを出すまでになりました。

●地域の防災に関する学習において、南海トラフ地震の可能性の高さを認識するとともに、身近な地域にはどのような災害が想定されているかをはじめて知ったことで、地域で行われている防災訓練にボランティアで参加しました。

●命にかかわる学習において、p4cによる対話により、他の人が自分の命を支えてくれている家族やまわりの人に感謝の言葉を口にするのを聴き、自分の考えの狭さや傲慢さを知ることとなり、命を考える視野を広げることができました。

●「地域発見学習」において、「小さな歴史探し」の課題に誠実に向き合い、地域の年配の方から積極的に情報を収集する中で、今の平和があるのは、多くの人々の地域を愛する心と努力があったからこそだと感謝するまでになりました。

●生物の多様性に関する探究課題の活動において、最初に立てた調査計画に時間的に問題があることに気がつき、計画を一から練り直して効率のよい調査活動を行うなど、責任感のある学習姿勢に見るべきものがありました。

●ゼミ形式で行った探究学習において、「障害と向き合う」というテーマを設定し、これまでの自分が障害に対して正しい知識をもっていなかったことに気づき、地域の施設で行われるボランティア活動に意欲的に参加するようになりました。

●職業を学ぶ探究学習において、自分の両親の仕事に対する関心が高まり、両親にインタビューをすることにより、両親への感謝の気持ちを再認識するとともに、自分の将来についても前向きに考えるようになりました。

生活

学習

特別活動

特別なニーズ

第**3**章
生徒の活躍がよく伝わる
特別活動にかかわる所見文例

　本章では、特別活動にかかわる所見文例を紹介します。

　文例は、具体的なエピソードを臨場感をもたせて示すなど、生徒の活躍ぶりが保護者によりよく伝わるように表現が工夫された箇所を強調して示してあります。実際に所見を書く際の参考にしてください。

学級活動

●生活上の諸問題の解決に向けて努力した生徒

　学級の中の**あいさつが活発でないことに問題意識を感じ**、学級会の際に進んで問題提起するとともに、協力してあいさつを交わす雰囲気づくりをする必要性について発言するなど、問題の解決に向けての議論の大切さを理解しています。

- -

●学級の問題を解決するための方法を提案した生徒

　学習用具や提出物の忘れ物が多いため、どうしたら減らせるのかということを学級活動の中で話し合いました。**前日の帰りの会の際に班で確認する時間をとることや確認表を掲示することなど**、解決方法を提案することができました。

- -

●学級の課題を見いだすことができた生徒

　日頃から学級の生活をよりよくしていきたいという思いをもち、**靴箱や傘立て、ロッカーの整理整頓の状況について、毎日確認する**とともに、乱れてきた際には、学級役員と協議して学級会の議題とするよう提言することができました。

- -

●学級会の際に意見の合意形成を図った生徒

　1学期に行った学級目標を設定する学級会において、議長として様々な提案を共感的に受け入れながら、それらの考えをうまく融合させ、**学級の全員が納得できるような目標を設定**することができました。

- -

●よりよい人間関係を形成しようとした生徒

　コミュニケーションの学習において、自分の友だち関係の狭さや表面的なつき合い方の問題点を見いだし、**自分のことよりも先に友だちのことを思いやる姿勢をもつことの大切さに気づき**、友だちとの接し方を大きく変えることができました。

- -

●自分の生活の問題点を他者と協働して解決しようとした生徒

　生活リズムを考える学習において、**小集団の中でそれぞれの生活パターンを図式化し**、お互いの生活のどこに問題点があるかを分析するとともに、どのように改善したらよいかを考えることができました。

- -

●健康や安全について意識を高めた生徒

　「がん」に関する学習では、基礎的な知識をノートに丁寧にまとめ、**自分自身の生活をどのように改善したらよいかについて自問自答するとともに、家族にも学習内容を伝えるなど**、自分やまわりの生活を変えていこうとする態度が育ちました。

●多様な意見から自分の意思を決定することができた生徒

　学級で行った構成的グループエンカウンターを通じて、**自分の性格や行動が控えめ**
で積極的になれないことに課題をもち、小集団学習の中で様々な意見を聴き、それは
自分のよさであることに気づき、自信をもって生活できるようになりました。

●自分の将来に対して真剣に考え始めた生徒

　職業調べの学習において、社会には自分が知らない様々な仕事があることと、自分
たちを支えていることを知り、**自分自身はどのような職業が向いているのかを真剣に**
考え始める契機となり、自分らしい生き方とは何かを考えるようになりました。

●防災について自分事として深く考えた生徒

　避難訓練を含む防災の学習において、東日本大震災や阪神淡路大震災の状況を詳細
に学ぶことにより、**今できる備えを万全にし、自分たちの意識を高めることが重要で**
あると気づくことができました。

●学級の中の役割を自覚して活動した生徒

　年度当初に組織された学級の組織の中で、自分の活動に物足りなさを感じたことか
ら、学級会において係活動の内容を見直す提案をし、**他の係との連携を図って学級の**
中で生活の向上運動を行う企画をつくり上げるまでになりました。

●キャリア教育において成長が認められた生徒

　1学期のはじめに書いた「中学校に入学して」の作文と3学期に書いた「キャリ
ア・パスポート」を比較して、**一年間の自分の進路に対する考え方の成長を客観的に**
振り返ることができ、次年度の目標をもつことができました。

●いじめの問題に取り組んだ生徒

　学級内にあったいじめの芽を自分たちの課題として捉え、学級会の中で「差別と偏
見をなくす」という議題を設定し、p4c（子どものための哲学）という探究の対話
を実施し、**いじめの撲滅について本音で話し合う**ことができました。

●学級の成長を自分の成長として捉えることができた生徒

　学級解散式の実施に向けて、**実行委員の1人として何度もアンケート調査を実施す**
るとともに、学級目標が達成されたかどうかを学級会の中で議論し、学級の成長と同
時に自分も責任をもって学級の活動を推進することができたという自信がもてました。

生徒会活動

●**学級委員として細やかな気配りができた生徒**

　学級委員としてリーダーシップを発揮するだけでなく、クラス全員に細やかな気配りができました。登校に不安を覚えていた生徒から「○○さんが優しく声をかけてくれたから、安心して登校できるようになった」という声が伝わってきたほどです。

....

●**学級役員として生活運動に主体的に取り組んだ生徒**

　学級役員として、生徒会主催のあいさつ運動に前向きに取り組み、他の生徒よりも早く登校し、大きな声であいさつを呼びかけるだけでなく、「ニコニコカード」を作成し、さわやかなあいさつをした生徒に渡すなど、運動を大いに盛り上げました。

....

●**人権週間の取組に意欲的に取り組んだ生徒**

　12月の人権週間では、生徒会が主催した「人権標語」作成の活動に意欲的に取り組み、言葉づかいの大切さを伝える心温まる標語を完成させ、友だちの標語とともに掲示物にまで仕上げることができました。学級への大きな貢献となりました。

....

●**募金活動から国際理解について考えを深めた生徒**

　ユニセフへのペットボトルのキャップ回収運動を通じて、この運動の意義をしっかりと把握するとともに、自分たちの生活と貧困に苦しむ国の生活との違いを目の当たりにし、さらに自分たちにできることはないかと考えるまでになりました。

....

●**議員として生徒会とのパイプ役を務めた生徒**

　議員として生徒議会に参加し、生徒会のスローガン決定の際には、学級の意見をまとめたものを議会の中で価値づけをしながら発表し、「優しく温かい学校をつくりたい」という学級の思いを確実に伝えることができました。

....

●**議員として生徒議会で堂々と意見を述べることができた生徒**

　学校の校則に対する意見交換をする生徒議会において、「校則は自分たちだけでなく家族や先生たちなどまわりに与える影響も考えなくてはならない」と、議員として多角的な立場から、自分の考えを堂々と発言することができました。

....

●**生徒総会での意見の合意形成に努力した生徒**

　中学校ではじめての生徒総会において、2、3年生の意見がうまくまとまらない状況を感じ取り、自ら挙手をして発言を求め、対立する考えを融和し発展させるような考えを提案することができました。実に見事でした。

●委員会活動に主体的に取り組んだ生徒

緑化委員として、「菊の花いっぱいプロジェクト」に進んで参加し、**地域の方の指導を受けながら、水やりや害虫の駆除等を毎日行うことができました。**その甲斐があって、世話した菊が、コンクールで金賞をいただくことができました。

・・・

●生徒会のサポーターとして活躍した生徒

生徒会主催の「里山再生プロジェクト」にサポーターとして参加し、**苗木の植林や落ち葉の回収、笹の伐採などに意欲的に取り組み**、身近な自然を守っていくことの意義を知るとともに、地域の一員としての自覚を高めることができました。

・・・

●生徒会役員に進んで立候補した生徒

議員として参加した生徒会活動の中で、自分の力を生徒会の中で生かすことのすばらしさを実感し、**後期の生徒会の役員に進んで立候補するとともに、生徒会が主体となる学校行事の重要性を強く訴える**ことができました。

・・・

●ボランティア活動を通して行動に変化が見られた生徒

生徒会主催の「清掃ボランティア活動」に参加し、様々な場所を早朝に先輩と一緒になって美しくする中で、自分の力を学校のために生かすことの大切さに気づき、**学校で募集する様々な地域行事のボランティアにすべて参加する**ことができました。

・・・

●異年齢交流を通して新しい目標を見つけた生徒

生徒会の体育祭実行委員会の一員となり、2、3年生と協働して作業を進める中で、**「自分も数年後には先輩のようになりたい」**という憧れをいだき、マスコット作成のリーダーになりたいという明確な目標をもちました。

・・・

●学校の伝統について深く考えるようになった生徒

生徒会主催の3年生を送る会の実行委員となり、3年生のこれまでの実績を調べていく中で、**3年生に感謝の気持ちを表現したいという思いや進級への心構え、3年生がつくってきた校風を引き継ぐという意欲**をもつことができました。

・・・

●生徒会活動を通じて地域社会の一員としての意識を高めた生徒

ボランティア委員として、高齢者施設との交流会の企画に参加し、施設の担当者と打ち合せを行い、生徒会と施設の双方にとって有意義で無理のない活動計画になるように調整する中で、**地域の一員としての自覚を高める**ことができました。

体育祭

●用具担当として活躍した生徒

みんながやりたがらなかった用具担当を進んで引き受けました。事前の準備から当日の運営まで、縁の下の力持ちとして活躍し、**「どの競技もスムーズに進んだのは○○さんのおかげ」**と担当の先生から特に称賛の声をいただきました。

....

●スローガンの作成に取り組んだ生徒

体育祭にふさわしいスローガンを決定するに当たって、生徒会の方針や学校のスローガンを参考にして、**「全力でチャレンジする」という思いを前面に打ち出した力強い案を考え**、見事に採用されることとなりました。

....

●ダンス作成委員として活躍した生徒

ダンス作成委員として、体育祭で演技するダンスの構想を夏休みから考え、**ダンスが苦手な生徒でも簡単に覚えられるよう、他の生徒と協働してレッスン動画を作成する**など、体育祭の成功に向けて大きな貢献をしました。

....

●体育祭の練習に意欲的に取り組んだ生徒

体育祭の練習に意欲的に取り組み、学年全体でそろって練習する際には、**演技だけでなく、整列から入退場、控え席での見学の仕方などについて、他の模範となるような動き**をすることができました。

....

●前日の準備を積極的に行った生徒

体育祭の前日準備において、運動場周辺の清掃を担当し、**側溝の落ち葉や小さなゴミなどを取り除き、徹底して清掃を行う○○さんの姿から**、保護者や地域の方に気持ちよく参観してもらおうとする思いが伝わってきました。

....

●応援団の活動に意欲的に参加した生徒

中学校ではじめての経験となる体育祭において、**進んで応援団に入ることを決意し、2、3年生の指導を受けながら意欲的に練習に参加して**、迫力のある応援合戦をつくり上げることができました。

....

●広報委員として役割を果たした生徒

広報委員として、体育祭のアナウンスの仕事を担当し、**自分に与えられた放送内容を大きな声で述べることができるよう繰り返し噛み砕くように練習し**、当日は流れるようなアナウンスをすることができました。

●仲間と助け合って練習を行うことができた生徒

　学級対抗リレーの選手として学級から推薦され、バトンパスの練習を繰り返し何度も練習するとともに、**なかなかうまくパスができない生徒に「大丈夫、一緒にがんばろう！」と温かい言葉がけをする**ことができました。

●得点係として活躍した生徒

　体育委員として、体育祭の得点係を担当し、**得意のパソコンを使って集計する役割を進んで引き受けるとともに、正確な集計作業ができるよう作業の進め方を何度も先生や先輩に尋ね**、当日はしっかりと役割を果たすことができました。

●ダンスの練習を熱心に行った生徒

　学年全員で取り組んだ「ソーラン節」のダンスでは、キレのある動きで観客を魅了し、大きな拍手を浴びることができました。**休み時間にも友だちと動きを確認し、練習をした**成果が出ました。見事な取組でした。

●環境整備に取り組んだ生徒

　緑化委員として、体育祭で飾るサルビアの花の栽培に着実に取り組み、**暑い夏の間にも散水や除草などの地道な活動を責任をもって行う**ことができました。当日は、真っ赤なサルビアが生徒の演技を大いに引き立てていました。

●学級委員としてクラスをまとめた生徒

　学級委員として、体育祭に向けて、クラスの団結を図るために、**学級のスローガンをつくることを提案し、決まったスローガンを掲示物として教室内に掲示する**ことで体育祭に向かう雰囲気を大いに盛り上げました。

●学級旗の製作に力を尽くした生徒

　体育が苦手で体育祭にどのようにかかわるか悩んでいましたが、自分の得意なデザインを生かせる学級旗の製作があると知り、そのプロジェクトチームに進んで立候補し、**学級の団結を炎のロゴで表す見事な旗を製作する**ことができました。

●体育祭の中で礼儀正しくふるまうことができた生徒

　体育祭の演技に集中して取り組むだけでなく、**入退場の行進をきびきびと行ったり、開閉会式の中の礼やあいさつを心を込めて行ったりする**など、○○さんの礼儀正しい姿をたくさん見ることができました。

●選手決定の際に友だちへの配慮ができた生徒

学級内で体育祭に出場する種目を決定する話し合いにおいて、**自分の希望を優先しようとする仲間が多い中で、体育が苦手な友だちの希望を優先的に決めようという配慮をすることができ**、学級の生徒全員が納得できる選手決定ができました。

●団体競技の練習に精力的に取り組んだ生徒

体育祭の名物競技である30人31脚の練習に積極的に取り組み、**何度も失敗する中で、原因を個人に求めるのではなく、どうしたらよいかを仲間とともに考え**、工夫しながら練習を進めることができました。

●ダンスの練習でリーダーシップを発揮した生徒

学年全体で取り組んだダンスパフォーマンスの練習では、**ダンスリーダーとして、他の生徒に模範演技を披露するだけでなく、個々の生徒に細かなアドバイスをして質**の高いダンスをつくり上げるのに大きな貢献をしました。

●控え席で自主的な応援活動を行った生徒

体育祭中に、自分が出場する演技に全力で取り組むことができました。それだけでなく、**出場していないときには、自主的に学級旗を振って大きな声で自分の学級の生徒への応援を行う姿**が見られました。

●ポスターの製作に尽力した生徒

体育祭の成功に向けての生徒会主催のポスター作成に積極的に参加し、1年生が躍るソーラン節をモチーフとした見事なポスターを完成させることができました。そして、**このポスターを地域の公共施設にも掲示してもらうよう働きかけを行いました。**

●アトラクションの演技に前向きに取り組んだ生徒

体育祭のオープニングで演奏する**地元の和太鼓団体の演奏にボランティアとして参加し**、はじめてであったにもかかわらず、毎日熱心に練習を続けて技術を磨き、当日は気迫のこもったすばらしい演奏を聴かせることができました。

●マスコットづくりに集中して取り組んだ生徒

体育祭の雰囲気を盛り上げる各群団の大型マスコットづくりに参加し、**夏休みにも登校して、2、3年生の指導を受けながら、自分の分担である足の部分を完成させることができました。**そして、来年は後輩に技術を伝えたいと考えるようになりました。

●練習中に友だちに声かけができた生徒

　体育祭の練習が始まってから、**仲間と一緒に練習できない級友を気づかい、さりげなく声をかけたり、出場する種目の説明やダンスの振りつけの実演をしたりする優しい面を多く見かけました**。学級の一員として団結力を高めようとする姿は立派です。

●運動が苦手な友だちに配慮ができた生徒

　１年生の競争種目である大縄跳びの練習では、自分がうまくなるために努力するだけでなく、**リズムの取れない級友の手を握り、声をかけながら一緒に跳び、励ましていました**。当日はその努力が実を結び、第一位を獲得しました。

●先輩への感謝の言葉を伝えることができた生徒

　体育祭が終わった後、**縦割りの先輩へのメッセージを贈ることを自ら提案し**、体育祭の感動と３年生の献身的な体育祭への取組について感謝の言葉を綴ることができました。行事や活動に意義をもたせるすばらしい提案でした。

●吹奏楽部の一員として体育祭を盛り上げた生徒

　吹奏楽部の一員として、**体育祭のオープニングや校歌、国家の演奏をはじめとして、メイン演技のエキシビションのマーチングドリルに懸命に取り組む姿**が見られました。入学してからはじめての参加でしたが、会場の雰囲気を大いに盛り上げました。

●自分の得意な長距離競技で活躍した生徒

　体育祭の出場種目を決める際に、自分の得意な長距離種目を希望し、**級友の期待に応えることができるよう、早朝練習に積極的に参加し**、自分の記録を伸ばすために地道に努力を重ねました。その甲斐があって、当日は見事に１位に輝きました。

●友だちと協働して練習に取り組んだ生徒

　体育祭の二人三脚の種目に出場が決まってから、**自分が組んでいるペアの人と日常生活から行動をともにするだけでなく、速く走るコツを他の級友にも伝授して**、ともに上位を目指して練習を積み重ねました。協働して取り組む姿が大変立派でした。

●応援合戦に意欲的に取り組んだ生徒

　応援団の抽選に外れてしまったものの、自分の縦割りブロックの応援練習の際には、**学年で最も大きな声を出したり、強く手拍子を打ったりして応援団の活動をフォロワーとして強力に支える**ことができました。多くの団員が感謝をしていました。

合唱コンクール

●選曲の話し合いで自分の考えを堂々と発表した生徒

　合唱コンクールの選曲会議において、歌いやすい曲やインパクトのある曲を選びたいという意見が大半の中、○○さんが「**学級が１つにまとまるような歌詞の曲を選びたい」と行事の本質に迫る発言をした**ことで、議論が中身の濃いものになりました。

●指揮者に立候補した生徒

　合唱コンクールの指揮者選考では、「**音楽は苦手だけど、自分を変えてみたい」という思いから、勇気を出して指揮者に立候補し**、選考会に向けて多くの時間を割いて練習を重ね、見事指揮者に選出されました。

●伴奏者に立候補した生徒

　合唱コンクールの伴奏者選考に立候補し、**音楽の担当教員に何度も指導を受けたり、早朝や放課後も練習に時間を割いたりと、懸命な努力をしました**。残念な結果ではありましたが、伴奏補助としてコンクールの優勝に大きな貢献をしました。

●指揮者として合唱練習をリードした生徒

　学級の生徒の絶大な信頼を受けて指揮者となり、練習時には全体の声の響きや音の安定度、ハーモニーの正確さなどに注意しながら、学級全体に的確な指示をすることができました。**そのリーダーシップは学級全体に安心感を与えました**。見事でした。

●伴奏者として合唱練習に貢献した生徒

　合唱コンクールの伴奏者に選ばれました。難曲でしたが**学校でも家庭でも多くの時間を練習に費やし、合唱の状況に合わせて伴奏を工夫したり、ピアノの聴かせどころを集中的に練習したりする**ことで、練習内容を濃いものにすることができました。

●パートリーダーとして活躍した生徒

　合唱コンクールの練習において、アルトのパートリーダーとして、他の生徒の見本となれるよう**休み時間や放課後の時間も発声練習や正しい音程の習得のために時間を費やし**、パート練習の際には自信をもって見本を見せることができました。

●伴奏補助として合唱練習に貢献した生徒

　合唱コンクールの練習では、パートごとの練習の際に得意のピアノを生かして伴奏補助を進んで引き受け、リーダーの指示に合わせて歌いやすいように工夫しながら伴奏を行いました。**担当したソプラノのすばらしい歌声の立役者**です。

●練習に前向きに取り組んだ生徒

　苦手な合唱に対して、はじめはあまり意欲的ではなかったものの、**友だちからの声かけや学級の前向きな雰囲気に押されて、少しずつ自信をもって練習に取り組めるようになり**、コンクール当日には、大きな口を開けて堂々と歌うことができました。

●主体的に練習に取り組んだ生徒

　合唱コンクールに向けて、大好きな合唱を練習できることが楽しく、**学級の早朝練習にはいつも一番早く来て、掲示用歌詞カードや楽器の準備を率先して行うことができました。**練習時にもその素晴らしい歌声で他の生徒をリードすることができました。

●練習の雰囲気を明るくした生徒

　2学期は、中学校ではじめての合唱コンクールでの優勝を大きな目標として、練習に対して真剣に取り組むと同時に、**うまくいかないときにも決して笑顔を絶やすことなく、「大丈夫」「がんばろう」と前向きな言葉を投げかけ続けました。**

●合唱が苦手な生徒に気配りができた生徒

　合唱コンクールに向けた練習では、合唱が苦手な生徒に対して、温かい言葉を常にかけ続け、音の取り方や楽譜の読み方などを丁寧に教えることができました。**学級が1つになって取り組もうとする思いを具現化してくれたすばらしい行動**です。

●合唱が大好きで生き生きとしてコンクールに臨んだ生徒

　とにかく歌うことが大好きで、休み時間も友だちと一緒に合唱曲を歌い、歌っているときも大きな口を開け、その情感豊かな表情で周囲の生徒を自然と明るくしてくれました。**その生き生きとした表情や姿勢は学級の元気の源**でした。

●不登校傾向ではあったもののステージに立つことができた生徒

　2学期に入り、少しずつ登校できるようになりました。合唱コンクールの曲を大変気に入って、**家で何度もCDを聴き、曲のイメージをつかむとともに、学級練習にも参加できるようになり**、当日はステージに立ってその成果を披露できました。

●学級委員として雰囲気を引き締めることができた生徒

　合唱練習に真面目に取り組めない生徒がいて指揮者が困っているとき、学級委員として、**学級全体に声かけをするだけでなく、合唱コンクールに参加する学級の目標を確認する話し合いを行う**など、リーダーシップをいかんなく発揮しました。

●掲示物を作成して雰囲気を盛り上げた生徒

　合唱コンクールへの取組にいま一つ真剣みが感じられないという担任の話に触発され、**雰囲気を盛り上げるための掲示物を作成することを提案し**、ボランティア生徒とともに掲示物を作成して、停滞気味だった雰囲気を大きく変えました。

・・

●スローガンづくりに積極的に取り組んだ生徒

　生徒会主催の合唱コンクールのスローガン募集に積極的に参加して、**自分自身の合唱にかける思いや学級の目標である「挑戦」を盛り込んだスローガンを数点応募し**、見事に採用されました。すばらしい作品でした。

・・

●審査員として責任をもって審査に取り組んだ生徒

　合唱コンクールの生徒審査員に選出され、公正で正確な審査をするため、**担当する学年の合唱曲の CD を何度も聴いて、審査のポイントをノートにまとめるだけでなく、他の審査員にもアドバイスを積極的にもらう**など責任感のある行動が光りました。

・・

●会場係として活躍した生徒

　広報委員として、合唱コンクールの会場係を担当し、**コンクールの雰囲気を盛り上げるための飾りつけや掲示物を丁寧に作成しました。**また、前日には、いすの搬出や並べ替えなどにも積極的に取り組むことができました。

・・

●進行係として活躍した生徒

　合唱コンクールの進行係の仕事を担当し、**合唱曲の内容や指揮者、伴奏者の紹介をするスライド資料をパソコンで作成するだけでなく、そこに BGM を入れるなどの提案をする**ことができ、2、3年生の生徒が大変感心していました。

・・

●ナレーション担当として活躍した生徒

　合唱コンクールにおいて、自分の学級の合唱曲や学級の取組を紹介するナレーション担当となり、**アナウンスする原稿を何度も何度も書き直し、聴き手に響くような内容にするとともに、当日は原稿を見ずに心を込めてアナウンスすることができました。**

・・

●指揮者として活躍した生徒

　中学校ではじめての合唱コンクールの指揮者に選出され、**楽譜を丹念に読み込むとともに、放課後の指揮の自主練習を重ねることにより、**小さな動きだった指揮がダイナミックで迫力のある感動的な指揮へと成長しました。ひたむきな努力の成果です。

●伴奏者として活躍した生徒

得意なピアノで学級に貢献したいと考え、**夏休み前から地道に練習を重ね、合唱コンクール当日は、失敗してはいけないという重圧に負けることなく、伴奏者として学級の合唱を盛り上げる見事な演奏を披露しました**。学級全員が感謝していました。

●合唱後の振り返りで自分の成長を実感した生徒

合唱コンクールの練習に懸命に取り組み、結果は最優秀賞ではなかったものの、振り返りのポートフォリオには**「結果は出なかったが、人前で歌うことをはずかしいと感じていた小さな自分はいなくなった」**と自身の成長を実感する言葉がありました。

●合唱コンクールでの取組を学習に生かした生徒

中学校ではじめての合唱コンクールに向け、**学級での練習に一生懸命取り組んだことにより、それまで苦手だった音楽の学習に興味をもつことができ**、歌うことだけでなく、楽器の演奏にも前向きに取り組めるようになってきました。

●合唱コンクールのプログラム作成に取り組んだ生徒

広報委員会の一員として、合唱コンクールのプログラム作成を担当することとなり、2、3年生と一緒に活動をする中で、**自分の得意な絵を生かすことで自分の責任を果たしたいと考え、プログラムの随所に素敵なイラストが採用されました**。

●合唱コンクールに参加できなかった生徒

合唱コンクールに向けて、指揮者や伴奏者とともに、早朝練習や放課後の練習の中心となり活動しました。当日は病気による欠席となってしまいましたが、**学級全員にあてた激励の手紙が、学級の団結力を一気に高め、優勝への大きな力となりました**。

●失敗してしまった級友に対して温かい対応ができた生徒

合唱コンクール当日、極度の緊張感から伴奏をミスしてしまった生徒に対して、**合唱後、ずっとそばに寄り添い、温かい言葉をかけ、一緒に涙する姿がありました**。合唱の賞以上に大切なものがあることを生徒全員が学びました。

●合唱の中でソリストとして活躍した生徒

合唱の中に予定されているソロパートが、練習開始当初はかなりのストレスとなっていましたが、**結果を恐れず楽しく取り組むように考えを変えてから、歌声が変わってきました**。当日は、ソリストとして観客から大きな拍手をもらっていました。

●学級の企画会議で活躍した生徒

　学級の出し物を何にするかという企画会議では、**小学校の学芸会とは違うメッセージ性の強い歴史的な劇をやりたいという具体的な提案をし**、その熱意が級友の心を動かして、自身が責任者となり脚本と演出を担当することができました。

●学級の劇の練習に集中して取り組んだ生徒

　学級での出し物である劇の練習において、役者を担当し、**家でこつこつとセリフを覚えるだけでなく、アドリブを加えたり効果音をつけ足したりするなど**、よりよい演劇づくりを目指し、集中して練習に取り組むことができました。

●ダンスチームの一員として活躍した生徒

　学級で取り組んだダンスパフォーマンスにおいて、振りつけの責任者を担当し、ユニークな振りつけを考えるとともに、協力して練習用の動画を自分たちで作成しました。**その甲斐があって、練習はスムーズに進み、当日は大歓声を浴びました。**

●スポーツ大会の企画に尽力した生徒

　学校祭のメイン行事であるスポーツ大会の企画委員として選出され、昨年度までの大会の反省を生かし、**ドッジボールをやめて、運動が苦手な生徒でも安心して参加できるソフトバレーボールに変更する提案を行い**、多くの賛同を得ることができました。

●目立たないところで出し物を支えた生徒

　学校祭に向けての劇の練習では、自分が人前では演技が苦手なことを考え、演者を支える小道具や舞台装置づくりの係を進んで引き受けました。**本物と見間違うほど精巧なものを作製したことで、演者全員が感謝をしていました。**

●学年全体の活動においてリーダー性を発揮した生徒

　学校祭のオープニングで披露する１年生の学年合唱において、学年全体の指揮者に立候補し、**約200人の生徒に向かって、「１年生の可能性と団結力を見せよう」と力強い宣言をするなど**、学年のリーダーとして大活躍しました。

●学校祭の環境整備に力を尽くした生徒

　中学校ではじめての学校祭を地域や保護者の人に知ってもらおうと、**ポスターや掲示物を自主的に製作し、校内だけでなく、各家庭や地域の施設にも貼ってもらえるよう生徒会の役員に働きかけました**。見事な行動力です。

●動画作成で活躍した生徒

　学級の出し物である**「SDGs と私たち」を、動画にして発表しようと学級会の中で提案**し、自らは撮影班のリーダーとなりました。綿密な撮影計画を立てるとともに、編集でも自分の特技を生かし、すばらしい動画を完成させました。

●展示用の花の栽培に尽力した生徒

　展示用の菊の花を栽培する担当になり、**地域の方の指導を受けながら、虫の除去や散水、施肥など細かな作業を丁寧に行いました**。立派な大輪の菊を多くの参加者に見てもらうことができ、学校祭を大きく盛り上げることができました。

●作品づくりに意欲的に取り組んだ生徒

　中学校ではじめての学校祭で、美術部員として作品を展示することになり、はじめての挑戦である油絵の風景画に意欲的に取り組みました。**下絵の段階から納得するまで何度もかき直し、見事に作品を完成させ、参観者の心を豊かにしてくれました。**

●学校祭の準備で活躍した生徒

　ボランティア委員として、机やいすを搬出したり、ステージ上の看板や放送機器の準備をしたりと、学校祭の全体会場の担当として精力的に活動をしました。特に、**いす一脚一脚を気持ちを込めて水拭きする姿は感動的なものでした。**

●学校祭のステージ発表で見事なパフォーマンスをした生徒

　学校祭のオープニングのダンスパフォーマンスに参加し、こつこつと地道に自主練習してきた成果をいかんなく発揮し、**見る者すべてが感動するような、キレのあるダイナミックなダンスを表現することができました。**

●ブース発表で活躍した生徒

　友人と一緒に学校祭のブース発表に取り組み、**「世界の食」をテーマとする発表を行うとともに、韓国やロシア、ウズベキスタンなどの料理の試食ができるよう工夫し**、「食」について多くの人に関心をもってもらうことができました。

●学校祭の事前学習に努力した生徒

　学校祭において、学級発表の「方言を使った劇」の脚本づくりを担当し、**地域で使われていた昔の方言を文献や取材によって調べあげ、一覧としてノートにまとめるとともに、演者のセリフに反映できるよう努力し**、魅力的な劇が仕上がりました。

●学級委員として細やかな気配りができた生徒

　学級委員として、学級づくりを目的とした自然教室の趣旨をよく理解して、**班編成**の際には、**スムーズに話し合いが進むよう事前のアンケートを行う**とともに、自分が調整役となって、気持ちよく編成できるよう気配りができました。

●実行委員として活躍した生徒

　野外活動実行委員として、セレモニー係となり、出発式や解散式、入退所式などの司会を担当し、式の流れの立案や放送設備の準備などをきめ細かく行いました。**規律ある中に、○○さんらしい温かさを感じるセレモニーをつくることができました。**

●キャンプファイヤーの話し合いで活躍した生徒

　学級でキャンプファイヤーのスタンツを考える際、短い時間で盛り上がる出し物として即興ダンスを考え、グループの中心となりスタンツの進め方やダンスの仕方、隊形などを決定しました。**○○さんならではの見事なリーダーシップ**でした。

●キャンプファイヤーで活躍した生徒

　野外活動のキャンプファイヤー委員となり、火文字づくりやファイヤーのエールマスターの練習を、放課後の時間を使って集中的に行いました。**そのおかげで、当日は笑いのある中にも感動的なキャンプファイヤーをつくり上げることができました。**

●食事の配膳や片づけを丁寧に行った生徒

　自然教室の食事の際に、自分の食事だけでなく、班員の配膳を進んで行うとともに、片づけの際には他の生徒の食器もまとめて片づけたり、テーブルを隅々まできれいに拭いたりしていました。**気配り上手の○○さんらしいすばらしい活動です。**

●飯盒炊さんで活躍した生徒

　野外活動の飯盒炊さんにおいて、班員の分担をきめ細かく決め、調理の手順も予め相談して決めておくなど、効率よく活動を行うための準備ができました。**そのリーダーシップのすばらしさが、班の団結力を強くしました。**

●飯盒炊さんで片づけを徹底して行った生徒

　野外活動の飯盒炊さんの美化係として、借りてきた物品の管理をはじめとして、炊飯後の片づけをきめ細かく徹底して行いました。**飯盒のぬめり取りや炊飯場の灰の処理といった人の嫌がる仕事を率先して行う**など、利他の行動が光りました。

●ハイキングの事前計画において活躍した生徒

自然教室のハイキングの計画において、テーマの「自然を学ぶ」を意識したコースを考え、植物の写真撮影やスケッチをメインとした計画を立てることができました。**その目的意識の高さは、他の班員のやる気にもつながりました。**

●班長としてリーダーシップを発揮した生徒

野外活動の生活班の班長として、班長会での連絡事項を確実に伝えたり、しおりに書かれた日程通りに活動するよう班員に的確な指示をしたりすることができました。**すばらしいリーダーシップで班員からの信頼も厚いものになりました。**

●創作クラフトにおいて協調性が目立った生徒

自然教室のクラフト活動では、竹細工に挑戦し、器用な手つきで籠を完成させることができました。また、自分の作品づくりだけでなく、**作業が遅れている生徒に対してわかりやすくアドバイスをするなど、すばらしい協調性を発揮していました。**

●カッターボート体験に真剣に取り組んだ生徒

自然教室で行ったグループごとのカッターボート体験において、指導者の指示を正確に遂行するとともに、**大きな声をかけ合いながら他の生徒と協力してカッターをこぎ続けました。**その真剣な取組は、他の模範となるものでした。

●テントの片づけに進んで取り組んだ生徒

野外活動では、飯盒炊さんをはじめとして、準備や片づけを迅速にしかも丁寧に行うことができました。特に、活動最終日のテントの片づけでは、率先して撤収作業に取りかかり、**その手際のよさには他の班員から驚きの声が上がりました。**

●星空観察を学習に生かした生徒

野外活動で行った星空観察で天体に関心をもち、図書館で星の本を借りたり、インターネットで情報を収集したりして知識を増やすとともに、**天文台に出かけて直接専門家に質問するなど、活動を存分にその後の学習に生かすことができました。**

●フォロワーシップを発揮した生徒

自然教室の活動の中で行った学年合唱において、伴奏者が演奏に不安をもっていることに気づき、急遽、キーボードを準備して一緒に演奏を行いました。**機転の利いたこの感動的なフォローが、自然教室成功の源になりました。**

●しっかりとした目的意識をもって部活動を選択した生徒

部活動に高い関心をもち、**小学校から続けているサッカーで全国大会に出場したいという夢を実現させるため**、体験入部の段階から迷わずサッカー部を希望し、入部後も意欲的に練習を行うことができています。

●部活動選択に迷っている仲間にアドバイスできた生徒

部活動を選択する際に、2つの部で迷っている生徒に寄り添い、「見た目で判断するのではなく、自分の運動能力に合った方を選んだ方がいいよ」とアドバイスするなど、**友だち思いの○○さんらしく優しく背中を押してあげる**ことができました。

●苦手な運動部に入り努力した生徒

部活動の選択において、あえて苦手な運動部を選び、体力や身体的な能力を向上させたいという強い意志をもってテニスの練習に取り組みました。身体が大きくなるにつれて運動能力も向上しています。**強い意志と努力が成果を運んできました。**

●途中で転部した生徒

1学期に選択した部活動の練習に参加し、大変よく努力しましたが、自分の気持ちと練習との違いを感じ、自分から顧問に気持ちを率直に伝え、早い段階で剣道部に転部しました。**将来を考え、勇気ある決断をしたことはすばらしいです。**

●まじめに練習に参加した生徒

中学校に入ってはじめての部活動として卓球部を選択し、基礎的な練習や筋力トレーニングなどの単調な練習にも意欲的に取り組み、**○○さんらしく弱音を吐くことなく黙々とがんばりました。**体力や基礎的な能力もかなり向上しています。

●部活動になじめない友人に温かな対応ができる生徒

小学校時代からの友人と一緒に水泳部に入りましたが、**友人が練習になじめないときに、部活動後もプールに残って一緒に練習を続けたり、悩みを長時間聴いたりと温かく接しました。**友人は元気に練習に参加し、温かい行動に感謝しています。

●部活動内の人間関係に悩んだ生徒

入部後に人間関係のトラブルから練習に行けない日が続きましたが、顧問や担任、カウンセラーに積極的に相談することで、自分の気持ちを強くすることができ、部活動にも復帰できました。**大きな成長への1つの節目となりました。**

●厳しい練習に耐えレギュラーとなった生徒

中学校に入学してはじめて体験する部活動の厳しい練習に苦しんだものの、**自主練習で仲間と一緒に取り組んだ筋力トレーニングが功を奏し**、走力やキック力が数段増し、新人大会では1年生ながらレギュラーに選ばれるまでになりました。

●コツコツとよく努力した生徒

はじめての部活動として合唱部を選択し、合唱の基礎である発声の練習に集中して取り組み、入部当初がうそのように、伸びのある歌声で歌うことができるようになりました。**練習を1日も休まずに続けてきたからこその成果です。**

●けがを乗り越えて活動した生徒

入部してすぐに大きなけがをしてしまい、練習に参加できない日々が続いていましたが、**見学しながら練習のポイントをノートにまとめるなどして努力を重ね、練習に復帰してからは、人の2倍の練習量をこなしてレギュラーの座をつかみました。**

●仲間と協力して練習に取り組んだ生徒

部活動にバスケットボール部を選び、フォーメーションやディフェンスの練習をする中で、**自分1人がうまくなるのではなく、仲間とともに実力をつけることの大切さに気づき**、協力して練習を行うことができるようになりました。

●準備や片づけがしっかりできる生徒

入部以来、**練習時間より前にだれよりも早く練習場所に行き、コート整備や道具、ボール等の準備や片づけを率先して行う**ことができました。上級生はもちろん、同級生からも厚い信頼を得ています。

●上級生から多くのことを進んで学ぼうとした生徒

ハンドボール部に入部し、早く上手くなりたいという強い思いをもち、上級生のシュートフォームやドリブルの様子などを真剣に観察するとともに、**進んで質問をしたり、アドバイスを求めたりして**、意欲的に学んでいます。

●大会時に懸命に応援することができた生徒

3年生の最後の公式戦において、少しでも先輩の力になりたいという強い思いをもち、**試合中に誰にも負けない大きな声で声援を送るとともに、すばらしいプレーには力いっぱいの拍手をする**など、懸命な応援で3年生を励ますことができました。

第2部
通知表の所見文例

第4章
特別なニーズがある生徒の
ための所見文例

　本章では、特別なニーズがある生徒を想定した所見文例を紹介します。

　文例は、「学習面の困難」「行動面の困難」「対人面の困難」の３タイプに分類されています。一つひとつの文例に注意事項を付記していますが、生徒のつまずきの原因や状況は多様です。文例をそのまま使用したり、断定的な内容の所見を書いたりしないように、十分留意してください。

●集中して書き続けることが苦手な生徒

社会の調べ学習や理科の実験記録を作成する際は、自分で時間を決めて素早く取り組むことができました。やや集中力が途切れたときは、励ましの声をかけることで、再度取りかかったり、自ら仲間に聞きに行ったりする姿が見られました。

目標時間を設定して取り組み始めた生徒を認めることが大切です。生徒によっては集中力が持続せず他のことを行う場合もありますが、励ましの声かけを行い、再度取り組み始めた姿を認めることで、保護者も安心します。

●漢字を覚えることが苦手な生徒

漢字の学習では、何回も練習を繰り返し、自分で気をつけて書くことができました。さらには、書き順を意識することで適度な大きさに整った漢字を書いています。他教科のノートの字にも丁寧さが見られます。

苦手とするパターンを把握し、その生徒に合った学習方法を指示することが大切です。さらには、例えば枠線の中に書き収めるなど次のステップを用意し意欲づけていくことも必要です。他の教科への広がりを示すことで生徒にも自信がつきます。

●計算を不得意とする生徒

計算問題を繰り返し解く場面では、間違える箇所の傾向に気づき、自分で正しい答えを考えてノートに書くことができました。さらには、発展問題に挑戦する姿も見られるなど、意欲的に取り組む姿勢はすばらしいものでした。

計算問題を苦手とする生徒は少なくありません。自ら計算する場面や答え合わせを行う場面を意図的に設定することで、生徒が解決に向けた手順を確実に踏んでいることを伝えることが大切です。発展問題の提示も意欲喚起につながります。

●理科の観察活動の順番がわからない生徒

細胞を観察する活動では、プレパラートの置き場所、顕微鏡のレンズのつけ方など手順を確認しながら丁寧に観察することができました。また、細胞の様子を色鉛筆を使って丁寧に書き写すことができました。

観察を苦手とする生徒の多くは、順番を間違える傾向があります。手順を示すことで、あせることなく観察させることが大切です。

●たどたどしく朗読する生徒

教科書を読む場面では、文節を意識して、はっきり伝わる声の大きさでゆっくりと読むことができました。特に説明文では、筆者の主張部分を、前後の文脈を捉えて、ややスピードに変化をもたせたりする工夫も見られました。

まずは朗読に対する具体的な様子を認めることが必要です。生徒によってはさらに口の開け方、スピード、抑揚など、生徒なりに工夫していることをしっかりと見取り、所見で認め励ますことが有効です。

●調べ学習が苦手な生徒

日本の気候について調べる活動では、教科書や資料集、あるいは図書館を利用したりインターネットで検索したりして、情報を得ようとしていました。さらには、気候に関する仕事をしている方からも直接情報を得るなど、積極性が見られました。

学習においては、「自分から調べる活動」を取り入れることが大切です。その際に、調べる視点を示すことで、活動が焦点化され、調べたことがまとめやすくなります。また、人を介することもより意欲的に取り組むきっかけになります。

●緊張しながら自己紹介活動をする生徒

学級開きの自己紹介を行う場面では、緊張しながらも特技や好きな食べ物などをしっかり伝えることができました。仲間との交流活動になると笑顔も多くなり、自ら動き出し、身振り手振りを交えて表情よく伝えることができました。

人前に立って表現することに困難がある生徒も、発表する内容を具体的に示してあげることで緊張がほぐれ、落ち着いて取り組める場合があります。まずは、伝える内容を本人と確認し、理解させてから活動を行うことが大切です。

●作業が遅れがちな生徒

技術の授業でのこぎりを利用して木材を切断したときは、周囲に人がいないか安全に気をつけながら慎重に作業していました。家庭科の調理実習でも、包丁やまな板を常に整理整頓しながら活動できました。

道具を使う作業的な学習は、スピードを上げることよりも、安全に配慮することの方が大切です。この文例では、その点をしっかり評価しています。

●表やグラフ作成が苦手な生徒

比例と反比例のグラフ作成では、xとyの値の変化の様子を表にまとめ、1つずつ丁寧にグラフ用紙に点を打つことができました。さらに、比例と反比例の類似点や相違点を表やグラフから発見することができました。

数学の学習では負の数まで範囲が拡張され、表やグラフの作成もより複雑になってきます。そのことを理解し、自分なりに工夫したり、丁寧な作業に努めたりしている姿を認め、励まします。

●対話活動が苦手な生徒

自分の好きな食べ物、スポーツを伝え合うことを想定した英会話の練習では、身振り手振りをつけ、表情よく伝えるように心がけていました。仲間から「OK」のサインをもらったことが自信になり、積極的に伝えるようにもなりました。

対話活動は、最初にいかに興味をもたせるかが重要ですが、英会話では ALT をまねて行うことも大切です。また素材を工夫することも必要で、身近な内容を簡単に表現することから始めて自信をつけさせるとよいでしょう。

●繰り返し練習することを嫌がる生徒

体育の集団行動では、リーダーの号令に合わせ、きびきびした動きをすることができました。また、改善点を仲間と相談し、克服するための作戦を立てたことで、さらに練習の精度が増し、納得のいく演技ができました。

単純な繰り返しの練習を嫌がる生徒に対して、それを無理に行わせても逆効果になります。自分たちの課題を見つけ、仲間とともに取り組ませる場面が必要です。仲間からの励ましも、続けて行おうとする意欲につながります。

●地道に取り組むことができない生徒

身近なものを絵で表現する活動では、机やいすの位置関係を把握し、正確にかき写すことができました。さらにその上に果物を置いたり、向きを変えたりすることを通して、自分オリジナルの作品を完成させることができました。

作業に集中して取り組むことが苦手な生徒も、具体的な手立てを示し、生徒自身の工夫も認めることで、地道に進めることができるようになります。

●極端に小さな声で発表する生徒

　最初は小さな声での発表でしたが、自分の考えを伝える場面では、ゆっくりと詳しく発表することができました。それをきっかけに徐々に声が大きくなり、みんなの前でも語尾が聞き取れるくらい大きな声で堂々と発表できました。

　最初は小さなうなずきやつぶやきから認めていくことで、生徒の自信につながります。聞き取れない場合も、ただ大きい声を出すよう指示するのではなく、「ここから先がわからない」などと具体的に提示して聞くことが大切です。

●自主学習に取り組めない生徒

　漢字練習や計算練習を繰り返し行うことができるようになりました。漢字の正確さや計算の速さにも意識を働かせ、自主的に学習に取り組むことができるようになってきました。

　自分1人で学習に向かうことが苦手な場合は、まずは簡単なことを習慣化することが必要です。ただし、マンネリ化すると学習に飽きてしまうので、生徒なりの発見や工夫を認めたり、新たな視点を示したりすることが大切です。

●ノートをとることが苦手な生徒

　数学の授業では、集中して板書をノートに書き写し、復習に役立てる姿がありました。さらには、仲間の意見と自分の考えを区別し、要点を色分けしてまとめる工夫も見られました。次回の授業の予習として役立てている姿に感心しました。

　まずは、集中して丁寧に書き写すことで、復習に役立てていることを認めています。そのうえで、共通点や相違点を比較して書くなど、指導した工夫を取り入れている点を認め、ノートづくりの重要性を生徒に自覚させようとしています。

●宿題に取り組むことが苦手な生徒

　家庭学習を時間帯を決めて行うことができるようになりました。またその順番も各教科の宿題、次の日の予習と段階を踏んでいるところがよいです。わからないところに印をつけ、翌日学校で仲間や先生に聞き解決する姿に向上心を感じました。

　なかなか宿題に手をつけられない生徒には、勉強の進め方や取り組み方なども細かに指導し、成長したことをしっかり認めることが大切です。

行動面に困難が
ある生徒

●片づけがなかなかできない生徒

　使用したものの片づけがなかなかできず、探すことに時間をかけていましたが、自らタグシールを貼り、位置を決めたことで、少しずつ整理できるようになりました。さらには、使う頻度によって置き場所を変える工夫もできるようになってきました。

　片づけができないことで、頻繁にものを紛失してしまう生徒がいます。家庭でも同様のことが起こっているはずなので、この文例のように、学校で取り組んで効果のあった改善策を共有すると、保護者も安心します。

●イライラが行動に表れてしまう生徒

　気持ちが落ち着かずイライラしたときでも、勝手に教室を出歩くことなく、教科担任など大人に伝えてから移動するというルールを守って行動していました。級友からの助言も、少しずつ聞き入れることができるようになっています。

　簡単にできる約束を決め、それが実現できたことを認めることは、生徒の自信につながります。ただ次々と約束を増やすと生徒は混乱します。1つ克服できたら、本人と確認したうえで次の指標を示すことが必要です。

●1つのことに集中し過ぎてしまう生徒

　興味ある内容に集中し、最後までやり遂げることができました。ただ、集中し過ぎて時間がかかってしまい、活動の切り替えが難しい場面もあったので、「目標時間」を設定して取りかかることに取り組んでいます。

　まずは、1つのことに集中して取り組めることを認め、本人の喜びや自信につなげます。また、「目標時間」を設定して取りかかることなど、取り組んでいる改善の具体策を示すことで、保護者にも安心してもらえます。

●感情のコントロールがきかない生徒

　イライラしたとき、壁をたたいたり、大声を出してしまったりする場面もありましたが、ソーシャルスキルトレーニングを経験して、人との接し方などを意識するようになってきました。発する言葉も柔らかくなり、すばらしいです。

　改善が見られたことを、その方法とともに示しています。波及的な改善点もあわせて示すことで、生徒の次への意欲につながります。

●清掃活動が苦手な生徒

> ほうきを使う際、以前は勢いよく掃いていましたが、ごみの散らかり具合を見て、なるべくほこりを立てない掃き方で隅々まで掃除するようになりました。最近では、ごみを残さない掃き方を自分で工夫する姿も見られます。

　道具の使い方を丁寧に指導することは重要です。そのうえで、自らの使い方が適しているかどうかを判断させ、間違った扱い方はその場で指導することが大切です。できるようになったことや生徒なりの工夫を具体的に伝えると自信になります。

●当番活動を忘れてしまう生徒

> 健康委員会の活動では、毎日の健康観察を忘れてしまうこともありましたが、昼休みに手洗い場に行って手洗い石鹸の補充等を行ったり、仲間へ自然な形で声かけしたりするなど、○○さんのよさを生かしています。

　継続的に取り組むことが苦手で、どうしても日々の活動をときどき忘れてしまう生徒がいます。そのことを自覚させることも大切ですが、本人の個性を生かしてがんばっている姿を見取り、励ますことを忘れないようにしたいものです。

●忘れ物が多い生徒

> 各教科の資料集など補助教材の忘れ物がやや多く見られました。その対策として、メモをすぐに取るようになってからは、忘れ物が目に見えて減りました。また自宅に帰ったらすぐに準備するなど、自ら改善に努めています。

　忘れ物をなくすには、メモを取ることが有効ですが、加えて、忘れなかったらシールを貼るなどの視覚化が取組の動機づけになる生徒もいます。生徒の特徴に合わせて指導を工夫したいところです。

●相手の話を最後まで聞くことが苦手な生徒

> 短学活での１日の振り返り時間を活用して、相手の話を聞いたり、尋ねたりする中で、よりよい対話の仕方を学ぶことができました。また、一方的に話すのではなく、ひと呼吸おいてから話し始める姿も見られました。

　自分が話したい内容を整理することで、一方的な話は減少します。また、聞くことで相手の考えを知ることができるよさを体感させることも大切です。

●仲間の助言を受け入れることが苦手な生徒

　仲間からの助言に対して、それが自分の考えと反対でも、気持ちを落ち着かせ、最後まで聞くことを大切にすることができました。一方、建設的な意見も伝えたいと願い、仲間の意見をメモし、考えをまとめる姿も見られるようになりました。

　仲間の助言を聞き入れることが苦手な生徒がいます。まずは最後まで聞けるようになったことを認めることが大切です。その後、自分の立場と同じなのか違うのかを判断できるようになると、建設的な話し合いになることを伝えるとよいでしょう。

●人前で話すことが苦手な生徒

　朝の会のスピーチでは、質問に対してだんだんと大きな声で答えることができるようになりました。最近では、強調したい場面でゆっくりと話したり、身振り手振りをつけて伝えたりする姿も見られるようになりました。

　声の大きさだけでなく、緊張のあまり表情がこわばってしまう生徒もいます。まずは短文ではっきりと伝えられる場面を設定し、繰り返し行うことが大切です。身振りなどを加える手立てを示すと話もよく伝わり、生徒の自信につながります。

●お金の管理が苦手な生徒

　お菓子や漫画など自分の好きなものばかり買ってしまった経験から、計画的な買い物の必要性に気づきつつあります。また、「小遣い帳」に記録するようになり、月ごとの残金の使い方を考える姿もありました。

　購入意欲に駆られてつい、たくさんお金を使ってしまう生徒には、記録の残し方など、使い方を振り返る手立てを示すことが大切です。また、保護者としっかり連携をとって対応することが必要です。

●気分転換が苦手な生徒

　休み時間には仲間と運動場に出てボールで遊ぶなど、気分転換を図り、その後の授業に集中して取り組んでいました。また、時には興味のある歴史の本を読むことで、自分１人でも気分を変えて、次の活動に臨む姿も見られました。

　特定の方法を強制したりするのではなく、その生徒に合った気分転換の方法を自分で見つけさせることが重要です。

●仲間と協働することが苦手な生徒

学級のレク係として、みんなが楽しむことができる遠足遊びを率先してたくさん提案してくれました。遠足の前に練習する場面では、仲間の意見も取り入れながら取り組むことができました。

仲間と協働することは苦手でも、活動そのものには意欲的な生徒が少なくありません。まずはその意欲を認め、仲間と協力できた取組をしっかりと見取り、認めていくとよいでしょう。

●授業準備がおろそかになりがちな生徒

教科担任や係からの指示がなくても、授業の準備や学習への取り組み開始が自主的にできるようになってきました。また授業終了後も、素早く片づけを行い、次の授業に向けての準備や移動ができるようになってきています。

授業準備が間に合わない生徒には、休み時間の使い方を指示し、できるようになったときに認めると自信がつきます。一方で、仲間との会話も大事です。まずは準備をした後でリラックスする時間にすると、生徒も時間の使い方をより意識するでしょう。

●気持ちの波が大きい生徒

生活記録ノートには、今日１日の「心の天気」を書き、自分の気持ちを振り返ることができていました。気持ちが落ち着かなくなった理由だけでなく、自分なりの解決方法も考えるなど、随分と成長してきたことを感じます。

気持ちをコントロールしようとしてもなかなかできない生徒がいます。そういった生徒には、自分の心の動きを振り返って記録に残させ、うまくコントロールできたときやその対処法を可視化することで自信につなげることが有効です。

●係活動に自信がもてない生徒

「責任ある行動をとることができる自分」を目指し、理科係として活動しました。特に仲間への授業準備の呼びかけを率先して行い、実験の後片づけなども自ら進んで行うようになりました。

なりたい自分に向かい、その活動を地道に行っている姿を所見に書くことは、本人の学校生活への意欲づけにとても大切です。できるだけ具体的に記述しましょう。

対人面に困難が
ある生徒

●仲間への接し方がきつく誤解されがちな生徒

　仲間に対し、優しい表情で、また落ち着いた口調で接することができるようになってきました。依頼された仕事も仲間と協力して取り組み、友だちからの信頼も増して、笑顔で学校生活を送れる日が多くなりました。

　自分の気持ちを優先し、仲間にきつく接してしまう生徒も、本人は意外とそのことに気づいていないことがあります。仲間と協力して取り組みやすい仕事を与えると、態度にもよい変化が見られることがあるので、それを捉えて書くとよいでしょう。

●誤解を招く言動が多い生徒

　対人関係のトラブルは、4月入学当初と比べて随分と少なくなりました。また仲間に話しかけるときも、相手の考えを一度落ち着いて聞き、その後で話すことを意識して生活できるようになってきたことが大きな成長です。

　誤解を招く言動が多い生徒には、一方的に自分の言いたいことだけを言うのではなく、相手の考えを落ち着いて聞いたうえで発言することの大切さを繰り返し指導することが必要です。そうして変容を定期的に伝えることで保護者も安心します。

●気持ちの高ぶりが激しい生徒

　気持ちが高ぶったときには、窓から外の景色を見てひと呼吸おいてから行動するようになりました。また、感情が抑えきれなかったときも、「○○に少しいらだった」といったようにきちんと理由を話すことができるようになりました。

　自ら落ち着いた行動をとったことを大いに認め、成長を認めることが大切です。また、感情を抑えきれないことがあったとしても、その原因をきちんと言葉で話すことができたら、そのことはしっかり認めたいところです。

●場や相手に応じた言葉づかいが苦手な生徒

　部活動では、先輩に対して「おはようございます」「〜です」といった丁寧な言葉を意識して話すようになりました。また仲間の前でも、ゆっくり落ち着いた言葉で話すなど、相手を意識した口調で接することができました。

　年齢差など、相手への意識を育てることが大切です。気持ちのいい言葉、そうでない言葉を理解させることで、その使い方もより明確になります。

●仲間の話を聞くことが苦手な生徒

> グループ活動では、仲間と一緒に活動することに充実感を得ていました。また、自分がリーダーになったときには、仲間の意見を最後まで聞き、比較するなど、話し合いをスムーズに進めることができました。

　落ち着いて話を聞くのが苦手な生徒にとって、仲間の話を最後まで聞くことは簡単ではありません。できた場合はしっかりとその姿を認めることが大切です。また、あえて意見を調整する役割を与えることで成長を促すことができる場合もあります。

●まわりと歩調を合わせることが苦手な生徒

> アンサンブル発表会に向けた練習では、パートリーダーの指示に従って、リズムよくドラムをたたくことができました。また、準備や片づけなども仲間とともに行い、協力して活動することの大切さを学んでいました。

　まずは、しっかりと指示に従って活動できたことを認めます。また、準備や片づけの時間は、自然な形で協調性が発揮されやすい機会でもあるので、その場面で見られるちょっとした変化をしっかり見取りたいところです。

●決められた仕事をやらずまわりに迷惑をかけてしまう生徒

> 「決めたことをやり抜く自分になりたい」という目標をもち、黒板係として毎日黒板をきれいにし、チョークをそろえることに取り組みました。その目覚ましい変化は、学級のみんなも認めるところです。

　決められた仕事をやらないために、仲間の信用を失ってしまう生徒がいます。そういった生徒には、簡単だけど絶対にあきらめることなく続けられる仕事を選択させます。やり抜いたときの充実感が本人の自信へとつながります。

●自分の意思をはっきり伝えられない生徒

> 友だちが困っていたとき、「何に困っているの。教えて」と優しい言葉をかけることができました。さらに、「私は○○なら手伝うことができるよ」と、相手を思いやった行動もできるようになりました。

　緊張しながらも思い切って伝えた瞬間、生徒は大きく成長します。それを見逃すことなく価値づけることが大切です。

●仲間との活動に抵抗がある生徒

合唱練習の時間には、友だちからの声かけを素直に受け入れ、よい表情で歌おうと努力しました。練習後の反省会でも、合唱をよりよくするための意見を進んで発表するなど、仲間と活動することのよさを感じ始めているようでうれしく思います。

仲間とともに活動することができるようになることは、仲間を認め受け入れることができるようになった証拠でもあります。小さな励ましや助言をしながら、その成長を所見に書くことで、本人にも保護者にも人間としての成長を伝えることになります。

●相手の意見を聞き入れることが苦手な生徒

自分の考えを主張するだけでなく、友だちの意見を聞こうとする姿が見られ、生活が落ち着いてきました。班活動の中で話し合う場面でも、互いの意見を尊重し、内容のメリットやデメリットを考え決めていく姿に感心しています。

自分の意見を主張するあまり、仲間の意見を最初から遮ってしまう生徒には、仲間の意見を聞き「同じ点、違う点」を聞き比べて議論させることが必要です。そうすることで、本人の主張がより確かになり、聞くことの重要性も自然に伝わります。

●指摘や助言を受け入れることが苦手な生徒

不足していた点などを友だちや先生から指摘されたとき、感情的にならずに落ち着いて最後まで聞けるようになりました。運動会のリレー練習の場面では、リーダーの助言を受け入れ、学級のために汗する姿に感心しました。

感情的になると相手の話が聞けなくなってしまう生徒がいます。「最後までちゃんと聞きなさい」ではより反発することにもなりかねないので、落ち着いて最後まで話を聞こうとした姿を見逃さず、地道に伸ばしていくことが大切です。

●相手の気持ちを汲み取ることが苦手な生徒

体育でダンスの練習をしていたとき、タイミングの合わなかった仲間に、「大丈夫、大丈夫」と声をかけていた姿が印象的でした。音楽の和太鼓の練習でも、リズムよくたたいていた仲間に「そのやり方をみんなに広めよう」と声かけができました。

夢中になって活動に取り組んでいる中でふとした瞬間に見せる気づかいの言葉や行動を見逃さずにキャッチしています。

●失敗を認めることができない生徒

　クラスのリーダー的存在で、ユーモアを交え全員をまとめることのできる力をもっています。さらに、間違えたときには素直に反省できるようになったことから、仲間からの信頼も増しています。自分を見つめる力を伸ばした2学期でした。

　積極性があっても自分の失敗を認められない生徒は、短所を修正するというのではなく、長所をさらに磨くという構えで指導することも大切です。また、仲間からの信頼という視点で人間的な成長を捉えて所見にすると効果的です。

●自分の想いを言葉にすることが苦手な生徒

　友だちとの接し方が上手になり、自分の想いを自分の言葉で最後まで伝えることができるようになりました。できなかった場合にも、落ち着いてから、改めて言葉足らずの部分を補足したり言い直したりすることができるようになってきました。

　話が相手に伝わらないことでいらだってしまう生徒がいます。こういった生徒は、補足する、改めて言い直すなど、自分なりに工夫していることもしっかり見取って前向きに評価していくことが大切です。

●仲間とペースを合わせて活動できない生徒

　自分のペースで活動をするのではなく、友だちの状況にも配慮して、一緒に活動できるようになりました。特に合唱では、仲間の手本となるように自ら身振り手振りで手本を示し、一つひとつ確かめながら高まり合う姿に感心しました。

　人のペースに合わせながら活動することは、大人でも難しい場合があります。生徒がそれをできたときは、相手を思いやる気持ちがあったからにほかなりません。それを確認し伝えていくことで、人間関係づくりへの自信につなげます。

●周囲に配慮して行動できない生徒

　友だちを気づかう言葉が少しずつ増えてきて、穏やかな表情で学校生活を送ることができました。たとえイライラしていても、感情的な行動をとることなく、まわりの様子を見ながら声かけや行動に移すことができました。

　友だちを気づかうこととまわりを見ることは、なかなか簡単にはできません。生徒の小さな変容を捉え、一つひとつ認めていくことで成長につなげましょう。

不登校傾向の生徒

●中学校での新しい生活に適応しようとしている生徒

中学校での新しい生活に対する期待とやる気が、出席日数に如実に表れています。各教科の授業もきちんと話を聞き、ノートをまとめる姿が見られます。「新しい自分づくり」は焦る必要はありません。自分らしく歩むことで必ず前進します。

小学校で不登校傾向だった生徒も、中学校では新しい自分づくりをしようとがんばります。授業の様子や出席日数など、事実として表れている本人のやる気を所見に記載することが、本人にとっても保護者にとっても大きな励みになります。

●登校時刻が早くなりつつある生徒

登校時刻が確実に早くなってきました。自分で自分の生活をコントロールできるようになってきた証です。家庭でのゲームの時間も少なくなり、睡眠時間が増えてきたからですね。自分の生活を変えようとする気持ちをうれしく思います。

不登校を克服しようとする意志は、登校時刻にも表れます。そのことを、やる気だけでなく、家庭生活のリズムとかかわらせて書くことで、成長を保護者とともに喜ぶとともに、さらなる協力につながる所見になります。

●相談室登校でありながらも苦手教科克服に取り組む生徒

相談室登校ながらも、学級の時間割に沿って各教科の学習に進んで取り組み、わからないことがあると相談員の先生に積極的に聞く姿が印象的でした。「学習こそが自分の未来をつくる」という自覚があるからですね。

学習の遅れは、本人にとっても保護者にとっても心配なことです。そこで、相談室登校の生徒への所見では、きちんと学習に取り組んでいること、わからないことは相談員の先生に聞いて学んでいることをはっきり書いて努力を認めることが大切です。

●イラストをかくことが得意な生徒

イラストをかくことがとても得意で、アニメのキャラクターをモチーフに、学校の読書週間のポスターを見事に完成させました。全校で、「だれがかいたの？」と評判になり、本人にとっても大きな自信になったようです。

不登校傾向の生徒の特技やよさを見つけて所見に書くことは、保護者にとって大きな安心につながります。できるだけ事実に即して書くことが大切です。

●係活動を継続的に行っている生徒

集配係として、生活記録ノートを毎日集め、点検表に記録することができました。地味な仕事ですが、手を抜くことなくきちんとやりきる姿に感心しています。この几帳面さは、将来への大きな強みになります。

不登校傾向の生徒の中には、実は地道に取り組む几帳面さをもっている生徒が少なくありません。そこで、そういった事実を捉え、地道な取組で学級に貢献していることを所見で伝えています。

●仲間の長所を生活記録ノートにたくさん記入している生徒

生活ノートに仲間のよさを認める記述が多く、感心します。仲間の努力や長所に目を向けているからですね。これは○○さん自身のよさです。仲間のよさを感じる柔らかな心と判断力が育っている証拠ですね。

仲間のよさを積極的に見つけ、認めることができる生徒には、それができることが本人のよさであることに気づかせましょう。不登校傾向の生徒は、自分のよさを見いだせないことが多くなりがちなので、その子のよさを取り出して記述しましょう。

●好きな教科の学習には参加できる生徒

相談室で一生懸命勉強するだけでなく、得意な美術と家庭科は学級の仲間とともに学習に参加することができました。ノートもきちんととり、集中して学ぶ姿をとてもうれしく思いました。自分を変えようとする意欲の表れだと感じます。

特定の教科の授業だけ参加できる生徒もいます。そんな場合には、相談室登校でのがんばりを認めつつ、そこからもう一歩踏み出そうとしている姿を大きく価値づけることが大切です。できること自体をきちんと認めることが自信になります。

●時と場に応じた会話をすることのできる生徒

相談員の先生にきちんと敬語で話せることに感心しました。授業時間と休み時間、先生と友だちなど、時と場合に合わせたふるまいができることは、将来社会に出たときに大きな強みとなります。

日常の礼儀や基本的な生活習慣など、本人はよさと感じていないようなことこそ積極的に所見で価値づけましょう。自分のよさに気づくことが自信につながります。

外国人生徒

●日本での生活に少しずつ慣れてきている生徒

はじめての日本での生活に、戸惑いも大きかったと思いますが、在籍校での行事のとき以外、日本語初期教室に毎日笑顔で登校し、相談員の先生たちと学習を続けました。学校生活にも慣れ、友だちと楽しく過ごすことができています。

不安を抱えながらも、毎日登校できたことを大いに認めることは本人の自信につながります。また、自分から進んで努力している様子を伝えることも、保護者の安心や喜びにつながります。

●日本語初期教室でがんばった生徒

日本語初期教室での日本語習得率はとても高く、簡単な日常の会話ができるまでになりました。また、日本の文化にも興味をもち、自分からいろいろ調べようとする姿にも感心しました。あせらずこの調子でがんばることに期待しています。

日本語初期教室は、日本での生活をスムーズに進めるための大切な学びの場です。日本語の習得のみならず、文化について学ぶ姿勢を記載することで、保護者は一層安心できます。具体的な事例を書くことも有効です。

●学級での居場所を見つけようとする時期の生徒

学校生活にも慣れ、友だちが増えてきました。休み時間も、仲間に話しかけたり、グラウンドで遊んだりして、自分の居場所が確かなものになってきていることを感じます。学級のレクでも、得意のダンスを披露するなど、明るい性格が輝いています。

新しい学校生活では、自分の居場所があるかどうかが大きなカギとなります。特に、保護者にとっては友だちの存在が気になるので、良好な友人関係を記載することは大きな安心につながります。できるだけ具体的に書きましょう。

●学校行事に意欲的に向かう生徒

運動会や、文化祭などの行事に意欲的に参加しました。特に、学級対抗バレー大会では、エースとして大活躍するだけでなく、人一倍大きな声で応援して、学級の中での存在をより確かなものにしました。仲のよい友だちも確実に増えています。

行事は、活躍が見取りやすい場面です。活躍の様子を具体的に記載するとともに、学級での存在感が増していることを伝えることが大切です。

●自国の文化を積極的に発信できる生徒

社会科の地理の学習では、母国での生活や文化について、具体的な事例をあげて10分近く紹介してくれました。学級のみんなとの会話も増え、休み時間にはタガログ語を仲間に教える姿が見られました。国際交流の懸け橋となっています。

社会科や英語などの学習では、母国の様子について紹介する機会が必ずあります。本人の学校生活での活躍の様子を家庭に届ける意味からも、こういった内容については積極的に所見に記載するようにしましょう。

●戸惑いながらも、あきらめることなくがんばる生徒

漢字の習得に戸惑い、苦労していますが、決して投げ出さず、班の仲間に読み方を聞いたり、ふりがなを振ったりして必死に学ぼうとする姿に感心しています。最近は国語の時間にも挙手するなど、がんばりが輝いています。

日本語の習得は生徒にとっては大変困難なことです。よって、まずは立ち向かっている姿そのものを価値づけて書くことが大切です。漢字にふりがなを振るといった行為も、本人にとっては大切な努力の足跡だと考えて記載しましょう。

●日本での新しい生活に前向きな生徒

国際教室の発表会では、得意なダンスを披露したり、母国の料理を実演しながら発表したりして、国際交流の1年生のキーパーソンとして大活躍しました。日本との違いを端的に、かつユーモラスに伝える姿に感心しました。

外国籍の生徒が母国の文化や言語などについて発表する機会はどの学校にもあります。単に日本の生活に慣れてきたという側面だけでなく、積極的な異文化の発信は、保護者にとってもうれしいものです。事実を踏まえ積極的に書くとよいでしょう。

●不安を抱える仲間への働きかけができる生徒

同じ国出身の生徒が転入すると、休み時間はもとより、授業中にも母国語でアドバイスして学習を応援する姿に感心しました。自分が経験した苦労を友だちにはさせたくないというやさしさと行動力はすばらしいものです。

仲間のために汗する姿を所見に記載することは、本人が日本の学校になじみ、いきいきと学んでいることを伝えることにもなります。

付録
ネガポジ言い換え一覧

　ここからは、「生活編」「学習編」の2ジャン
ルに分けて、50音順にネガティブ表現をポジテ
ィブ表現に言い換えた例を紹介します。

　ある側面からは欠点や苦手さと見えていたこ
とも、別の側面から見直してみると、実はその
子の長所と捉えられる、ということは少なくあ
りません。具体的な用例も豊富に示してあるの
で、通知表の所見に限らず、日常の言葉かけな
どにもぜひ活用してください。

生活編

	ネガティブな状況	ポジティブ表現
あ	相容れない	**自分の考えをしっかりもっている** ◆用例 友だちと意見が相容れないことが多い →しっかりした考えをもち、安易に流されない芯の強さがある
	飽きっぽい	**様々なことに関心がある** ◆用例 飽きっぽい性格で、1つのことが長続きしない →様々なことに関心をもち、自分から取り組もうとする
	揚げ足を取る	**反応が早い** ◆用例 友だちの発言の揚げ足を取る →機転が利き、友だちの発言に対する反応が早い
	焦る	**熱意をもって真摯に取り組む** ◆用例 完璧にやろうという気持ちが強く、焦りやすい →何事にも熱意をもって真摯に取り組んでいる
	遊びがない	**むだがない** ◆用例 心の余裕がなく、遊びがない →何事もむだなく計画的に取り組むことができる
い	いい加減	**時に応じた対応をとる** ◆用例 自分で決めたことをいい加減にしてしまう →状況を判断し、時に応じた対応をとることができる
	意見が言えない	**他の人の意見をじっくり聞いている** ◆用例 話し合いでなかなか意見が言えない →話し合いでは他の人の意見をじっくり聞いている

	意気地なし	**何事も慎重に見極める** ◆用例 意気地がなく、行動が消極的 →何事も慎重に見極めて行動している
	意地っ張り	**意志が強い** ◆用例 意地っ張りで、妥協ができない →意志が強く自分を貫き通せる
	一匹狼	**自立心がある** ◆用例 一匹狼的で、友だちと交わろうとしない →自立心があり、自分の考えで行動できる
	威張っている	**自分に自信をもっている** ◆用例 いつも威張っている感じがする →何事にも自信をもって取り組んでいる
う	内気	**他者との争いを好まず控えめ** ◆用例 内気で自分の考えを主張することがない →争いを好まず控えめな生活態度である
	うるさい	**前向きな姿勢** ◆用例 同じことを何度も繰り返すなど、うるさく感じられるときがある →大切なことを繰り返し確認しようとするなど、前向きな姿勢の持ち主である
お	大ざっぱ	**細部にこだわらず、おおらか** ◆用例 細部まで注意が行き届かず、大ざっぱ →細部にこだわらず、物事をおおらかに捉えることができる

	幼い	**素直** ◆用例 　まわりの状況を踏まえない幼さを感じる →何事も素直に捉えることができる
	落ち込みやすい	**自省できる** ◆用例 　些細な失敗にも落ち込みやすい →些細な失敗にも真摯に向き合い、自省できる
	お調子者	**場の雰囲気を明るくする** ◆用例 　他人の意見に流されるお調子者の傾向がある →ユーモアがあり、場の雰囲気を明るくできる
か	変わっている	**個性的** ◆用例 　突飛な意見が多く、変わっている →独自の視点から個性的な意見を発する
	考えが浅い	**すぐに行動に移すことができる** ◆用例 　考えが浅く、拙速である →何事もすぐに行動に移すことができる
	感情の起伏が激しい	**真っ直ぐ** ◆用例 　感情の起伏が激しく、友だちから距離を置かれている →だれに対しても自分の思いを真っ直ぐ伝えようとする
	がさつ	**大様（おおよう）** ◆用例 　がさつで誤解を招くことがある →細かなことにこだわらず、大様に構えている
	頑固	**意志が強い** ◆用例 　頑固で考えを曲げない

		→自分の意志を強くもっている
き	気が小さい	**慎重** ◆用例 気が小さく、行動が消極的 →何事もよく考え慎重に行動する
	気が短い	**取りかかりが早い** ◆用例 気が短く、待つことができない →何事も取りかかりが早い
	気が弱い	**思いやりがある** ◆用例 気が弱く、自分の考えを出そうとしない →思いやりがあり、他者の意見を大切にする
	傷つきやすい	**繊細な感受性** ◆用例 他者のちょっとした言動にも傷つきやすい →優しく繊細な感受性の持ち主である
	緊張感がない	**自然体** ◆用例 緊張感をもつべきときがある →いつでも自然体で取り組める
く	空気が読めない	**まわりに流されない** ◆用例 空気が読めず、話し合いを止めることがある →まわりに流されずに自分の考えを述べる
	暗い	**落ち着いている** ◆用例 いつも暗い印象がある →いつも冷静で落ち着いている
け	計画性がない	**行動力がある** ◆用例

		計画性がなく、準備不足のことが多い →思いついたことにどんどん挑戦する行動力がある
	けんかっ早い	情熱的 ◆用例 　けんかっ早く、相手に誤解されることがある →いつでも自分の思いを情熱的に伝える
こ	行動が遅い	先のことまでしっかり考えている ◆用例 　すぐに取りかかることができず、行動が遅い →先のことまでしっかり考えてから取り組む
	細かい	繊細 ◆用例 　細かい性格で、物事にこだわり過ぎる →繊細で、何事にも細部まで神経を使って取り組む
す	ずるい	頭の回転が速い ◆用例 　楽をしたい気持ちが強く、ずるいと思われがち →頭の回転が速く、何事も効率的に進めようとする
せ	せっかち	むだな時間をつくらない ◆用例 　せっかちで行動を急ぎ過ぎる →むだな時間をつくらないように迅速に行動する
た	だらしない	おおらか ◆用例 　だらしなく、大ざっぱである →些事にこだわらず、おおらかである
	短気	判断が早い ◆用例 　短気で物事をすぐに投げ出す →何事も判断が早い
な	内向的	協調性がある

		◆用例
		友だちに対して自分を出そうとしない
		→協調性があり、友だちの気持ちを優先できる
	流されやすい	**調和的**
		◆用例
		他者の意見に流されやすい
		→調和的で、他者の意見を尊重できる
は	反抗的	**主張ができる**
		◆用例
		表現がきつく、反抗的と感じられる
		→自分の考えをしっかりと主張できる
へ	屁理屈を言う	**頭の回転が速い**
		◆用例
		他者の言葉を素直に受け取らず、屁理屈を言う
		→頭の回転が速く、人とは別の視点から主張できる
ま	マイナス思考	**慎重に考える**
		◆用例
		何かとマイナス思考で考えがちである
		→どんなときも様々な状況を想定して慎重に考えている
	マイペース	**自分をしっかりもっている**
		◆用例
		まわりの状況に構わず、マイペースである
		→自分をしっかりもち、まわりに流されず行動できる
め	めんどくさがり	**よく考え、効率的**
		◆用例
		めんどくさがりで、なかなか動かない
		→何事もよく考え、効率的に取り組んでいる
ゆ	優柔不断	**幅広く考える**
		◆用例
		優柔不断でなかなか行動できない
		→様々な状況を想定し、幅広く考えて行動に移す

	ネガティブな状況	ポジティブな表現
あ	安直	**効率的** ◆用例 安直な方法に走り過ぎる →効率的な方法を選択することができる
い	いい加減	**大づかみできる** ◆用例 細かな内容に注意が届かず、いい加減 →内容を大づかみして、全体を捉えようとしている
お	応用力がない	**基礎・基本が身についている** ◆用例 応用力がなく、難しい問題に苦手意識がある →基礎・基本が身についており、着実に問題に取り組んでいる
	思い込みが激しい	**自分の考えに自信をもっている** ◆用例 思い込みが激しく、ミスが多い →自分の考えに自信をもって学習に臨んでいる
か	考えを述べない	**よく聞き、よく考える** ◆用例 ワークシートに書いている考えを述べない →友だちの意見をよく聞き、よく考えている
	勘違いが多い	**発想が豊か** ◆用例 最後まで話を聞かず、勘違いすることが多い →発想が豊かで、1つの事柄から様々なことを想起できる
き	聞こうとしない	**自信をもっている** ◆用例 理解したと思い込み、話を聞こうとしない →自分の考えに自信をもっている

け	計算が遅い	**丁寧に取り組んでいる** ◆用例 　計算問題を解くスピードが遅い →計算は段階ごとに確認しながら取り組んでいる
こ	誤字が多い	**漢字で書こうとしている** ◆用例 　漢字の誤字が多い →学習した漢字を積極的に活用しようとしている
し	私語が多い	**友だちに確認できる** ◆用例 　授業中の私語が多い →気になることは友だちに確認できる
	知ったかぶり	**知識が豊か** ◆用例 　知ったかぶりをすることが多い →知識が豊かで、友だちにも広げようとしている
	集中力が途切れる	**好奇心旺盛** ◆用例 　集中力が途切れることが多い →好奇心旺盛で何事も進んで考えようとする
	真剣さに欠ける	**おおらか** ◆用例 　真剣に取り組もうとしない →何事もおおらかに、ゆったりと取り組んでいる
	調べようとしない	**経験を大切にする** ◆用例 　資料やネットを使って深く調べようとしない →自分の経験を大切にしながら考える
す	すぐに答えを言う	**意欲的** ◆用例 　問いに対して、挙手せずすぐに答えを言ってしまう

		→発問に素早く反応し、意欲的に発言する
せ	せっかち	積極的 ◆用例 　せっかちで、深く考えずに取り組んで失敗する →どんな学習にも積極的で、すぐに取組に移ることができる
ち	知識をひけらかす	知識を生かそうとする ◆用例 　話し合いで自分の知識をひけらかすことが多い →話し合いで自分の知識を生かそうとしている
て	適当	流れに合わせられる ◆用例 　話し合いでまわりの意見に適当に合わせがちである →話し合いでは流れに合わせて意見を述べている
	テストの点数が悪い	今後の成長が期待できる ◆用例 　努力がテストの点数として表れない →努力の積み重ねで今後の成長が期待できる
に	苦手意識がある	弱点を意識している ◆用例 　特定の教科に苦手意識がある →自分の弱点となる教科を意識して学習に取り組んでいる
の	ノートの文字が雑	考えることを重視している ◆用例 　ノートの文字が雑である →ノートに書く作業より考えることを重視している
	ノートをとらない	頭の回転が速く、集中力がある ◆用例 　板書を写したり考えをノートに書いたりしない →頭の回転が速く、考え出すとノートをとる必要がない

		ほど集中力を発揮する
は	発表しない	友だちの意見をよく聞いている ◆用例 答えがわかっていても発表しない →友だちの意見をよく聞いて、自分の考えをしっかり深めている
	話が長い	様々なことに思い巡らせている ◆用例 説明がダラダラとしてしまい、話が長くなる →1つのことに対して様々なことを思い巡らせて話ができる
	発言が少ない	熟慮している ◆用例 自信がないためか、話し合いでの発言が少ない →話し合いに真摯に取り組み、熟慮したうえで発言しようとする
ひ	人の意見を 聞き入れない	意志が強い ◆用例 話し合いではなかなか人の意見を聞き入れない →話し合いでは自分の意志を強くもって発言している
	人の話を 聞いていない	集中して考えている ◆用例 人の話を聞いていないので、話し合いの流れに沿わない発言がある →話し合いでは、まわりの声が耳に入らなくなるくらい集中して考えている
ま	間違いが多い	即断即決できる ◆用例 落ち着いて考えれば起こらない間違いが多い →即断即決でき、何事もスピーディーに取り組む

【執筆者一覧】

第1部　玉置　　崇（岐阜聖徳学園大学教授）

第2部

第1章　水川　和彦（岐阜聖徳学園大学教授）

基本的な生活習慣／健康・体力の向上／自主・自律／責任感／創意工夫

　　　　　玉腰　　誠（愛知県一宮市立浅井中学校）

思いやり・協力

　　　　　田丸　陸子（福岡県北九州市立浅川中学校教頭）

生命尊重・自然愛護

　　　　　堀　　将礼（愛知県一宮市立浅井中学校）

勤労・奉仕

　　　　　藤永　啓吾（山口大学教育学部附属光中学校）

公正・公平

　　　　　林　　雄一（愛知県一宮市立浅井中学校）

公共心・公徳心

第2章　中畑　訓子（岐阜県白川村立白川郷学園）国語

　　　　　高木　良太（岐阜県白川村立白川郷学園）社会

　　　　　岩田　光功（愛知県一宮市立西成中学校）数学

　　　　　鈴木　大介（岐阜県白川村立白川郷学園）理科

　　　　　種田　伸和（岐阜市立厚見小学校教頭）音楽

　　　　　清水　也人（岐阜県教育委員会教育研修課課長補佐）美術

　　　　　弓矢　敬一（愛知県一宮市立西成東部中学校）保健体育

　　　　　岩田　卓也（愛知県一宮市立浅井中学校）技術・家庭

戸田　恭子（愛知県一宮市立浅井中学校）外国語
山田　貞二（愛知県一宮市立浅井中学校長）特別の教科　道徳
　　　　　　　　　　　　　　　　　　　　　　　　　　総合的な学習の時間

第3章　山田　貞二（愛知県一宮市立浅井中学校長）

第4章　大坪　辰也（岐阜県高山市教育委員会学校教育課課長補佐）

付　録　玉置　　崇（岐阜聖徳学園大学教授）

※所属は執筆当時

【編著者紹介】
玉置　崇（たまおき　たかし）
1956年愛知県生まれ。公立小中学校教諭、国立大学附属中学校教官、中学校教頭、校長、県教育委員会主査、教育事務所長などを経て、平成24年度から3年間、愛知県小牧市立小牧中学校長。平成27年度より岐阜聖徳学園大学教授。
文部科学省「学校教育の情報化に関する懇談会」委員、「新時代の学びにおける先端技術導入実証事業」推進委員、中央教育審議会専門委員を歴任。
著書に『先生のための「話し方」の技術』『働き方改革時代の校長・副校長のためのスクールマネジメント・ブック』『仕事に押し潰されず、スマートに学校を動かす！　スクールリーダーのための「超」時間術』『実務が必ずうまくいく　中学校長の仕事術　55の心得』『主任から校長まで　学校を元気にするチームリーダーの仕事術』（以上明治図書）、『落語家直伝　うまい！　授業のつくりかた』（誠文堂新光社、監修）、『先生と先生を目指す人の最強バイブル　まるごと教師論』（EDUCOM）など、多数。

生徒が輝く！
通知表の書き方＆所見文例集　中学校1年

2021年6月初版第1刷刊　©編著者　玉　置　　　崇
発行者　藤　原　光　政
発行所　明治図書出版株式会社
http://www.meijitosho.co.jp
（企画）矢口郁雄（校正）大内奈々子
〒114-0023　東京都北区滝野川7-46-1
振替00160-5-151318　電話03(5907)6701
ご注文窓口　電話03(5907)6668

組版所　株式会社カシヨ

＊検印省略
本書の無断コピーは，著作権・出版権にふれます。ご注意ください。

Printed in Japan　ISBN978-4-18-382114-0
もれなくクーポンがもらえる！読者アンケートはこちらから